# Du franc CFA à l'Afrix

## La nécessaire refonte du Fonds Monétaire Africain

# Collection « L'esprit économique »

fondée par Sophie Boutillier et Dimitri Uzunidis en 1996
dirigée par Sophie Boutillier, Blandine Laperche, Dimitri Uzunidis

Si l'apparence des choses se confondait avec leur réalité, toute réflexion, toute Science, toute recherche serait superflue. La collection « L'esprit économique » soulève le débat, textes et images à l'appui, sur la face cachée économique des faits sociaux : rapports de pouvoir, de production et d'échange, innovations organisationnelles, technologiques et financières, espaces globaux et microéconomiques de valorisation et de profit, pensées critiques et novatrices sur le monde en mouvement...
Ces ouvrages s'adressent aux étudiants, aux enseignants, aux chercheurs en sciences économiques, politiques, sociales, juridiques et de gestion, ainsi qu'aux experts d'entreprise et d'administration des institutions.

La collection est divisée en six séries :

Dans la série *Economie et Innovation* sont publiés des ouvrages d'économie industrielle, financière et du travail et de sociologie économique qui mettent l'accent sur les transformations économiques et sociales suite à l'introduction de nouvelles techniques et méthodes de production. L'innovation se confond avec la nouveauté marchande et touche le cœur même des rapports sociaux et de leurs représentations institutionnelles.

La série *Economie formelle* a pour objectif de promouvoir l'analyse des faits économiques contemporains en s'appuyant sur les approches critiques de l'économie telle qu'elle est enseignée et normalisée mondialement. Elle comprend des livres qui s'interrogent sur les choix des acteurs économiques dans une perspective macroéconomique, historique et prospective.

**Dans la série *Le Monde en Question* sont publiés des ouvrages d'économie politique traitant des problèmes internationaux. Les économies nationales, le développement, les espaces élargis, ainsi que l'étude des ressorts fondamentaux de l'économie mondiale sont les sujets de prédilection dans le choix des publications.**

La série *Krisis* a été créée pour faciliter la lecture historique des problèmes économiques et sociaux d'aujourd'hui liés aux métamorphoses de l'organisation industrielle et du travail. Elle comprend la réédition d'ouvrages anciens, de compilations de textes autour des mêmes questions et des ouvrages d'histoire de la pensée et des faits économiques.

La série *Clichés* a été créée pour fixer les impressions du monde économique. Les ouvrages contiennent photos et texte pour faire ressortir les caractéristiques d'une situation donnée. Le premier thème directeur est : mémoire et actualité du travail et de l'industrie ; le second : histoire et impacts économiques et sociaux des innovations.

La série *Cours Principaux* comprend des ouvrages simples, fondamentaux et/ou spécialisés qui s'adressent aux étudiants en licence et en master en économie, sociologie, droit, et gestion. Son principe de base est l'application du vieil adage chinois : « le plus long voyage commence par le premier pas ».

René Anatole Obam Nlong

# Du franc CFA à l'Afrix

## La nécessaire refonte du Fonds Monétaire Africain

Préface d'Émilie Laffiteau

L'Harmattan

**5-7, rue de l'École-Polytechnique, 75005 Paris**

http://www.editions-harmattan.fr

ISBN : 978-2-336-52111-4
EAN : 9782336521114

Mone Obam ba Bidja bi Nlong

## Du même auteur

« Essai d'optimisation du système des marchés publics au Cameroun », 2017, EDILIVRE Paris, © Edilivre, 2017, 98 pages

« Caractérisation de la contribution chinoise au développement des énergies propres en Afrique », Juin 2010, ESIEE Paris, 82 pages

« Quels sont les effets du réajustement du Franc CFA sur la cacaoculture au Cameroun ? », Novembre 1998, Bulletin mensuel "Études & Statistiques" de la Banque des États de l'Afrique Centrale (BEAC) n°248, Novembre 1998

« Quels types de fiscalité doit-on appliquer aux ressources naturelles ? Le cas de la Côte d'Ivoire sur le secteur pétrolier », 1997, Revue publiée par l'Institut africain de développement (IAD) de la Banque Africaine de Développement (BAD)

# Avant-Propos

Le franc CFA demeure un sujet de controverse, malgré sa confiance persistante parmi les populations et les marchés financiers. Ses "péchés originels", tels que son acronyme lié à l'histoire coloniale, son appartenance à une zone monétaire, et la garantie de convertibilité par le Trésor français, sont perçus comme des symboles de domination française.

Le rejet du franc CFA va au-delà de la simple question monétaire, représentant une lutte pour la souveraineté dans divers domaines. L'ouvrage propose une réforme du franc CFA dans la zone CEMAC, soulignant la nécessité d'un consensus entre les dirigeants politiques pour aborder des questions complexes comme le choix d'un régime de change plus adapté aux économies concernées, la gestion efficiente des réserves de change ou la présence française dans les instances de gouvernance de la CEMAC. Enfin, l'ouvrage aborde la problématique de l'instabilité permanente des devises africaines qui affecte gravement les économies, suggérant que le Fonds Monétaire Africain pourrait offrir une solution à cette problématique.

# Préface

De Bamako à Yaoundé, de Niamey à Brazzaville, les deux francs CFA alimentent, depuis de nombreuses années, de vifs débats et suscitent de fortes controverses. Aucun pays concerné n'y échappe. Dans plusieurs d'entre eux, les contestations trouvent de plus en plus d'échos. Dans la pratique, malgré ces contestations, le franc de la Communauté Financière Africaine (XOF) et celui de la Coopération Financière en Afrique centrale (XAF) ne sont pas rejetés par les citoyens pour leurs transactions ou leur épargne. Ils ne le sont pas davantage par les marchés financiers, qui portent notamment un grand intérêt aux émissions d'obligations XOF et XAF. Cette confiance dans les francs CFA explique sa stabilité, d'autant plus remarquable sur des marchés monétaires africains très tourmentés. Lors des récents épisodes inflationnistes et de dépréciation de nombreuses devises voisines comme celles du Ghana, du Nigéria, du Kenya ou du Zimbabwe, le CFA a même pu servir de valeur refuge.

Le franc CFA souffre cependant de plusieurs "péchés originels", fruits de l'histoire coloniale : son nom, qui signifiait autrefois "franc des colonies françaises d'Afrique" ; l'impression des billets et la fabrication des pièces de monnaie en France ; un régime de change fixe avec le franc français, puis avec l'euro ; la garantie de convertibilité et l'existence d'un compte d'opérations auprès du Trésor français ; son appartenance à une zone monétaire sous-optimale ; la participation de la France auprès des instances de gouvernance des Banques centrales de la zone franc. Et même si ces dernières années l'autonomie monétaire s'est nettement renforcée, induisant un rôle réduit pour la France, notamment en Afrique de l'Ouest suite à la réforme de 2019 portée par Alassane Ouattara, ces éléments restent perçus - à tort ou à raison - comme des preuves de la domination française.

Au niveau économique, l'enjeu reste de savoir quel régime monétaire et de change est adapté aux réalités de ces pays. Autrement dit, quel régime permet d'accompagner ces économies sur une trajectoire de développement plus vertueuse ? Ici les détracteurs du CFA soulignent les inconvénients d'un taux de change fixe avec l'euro. Un tel ancrage contribue au maintien de la prédominance de relations commerciales avec les pays de la zone euro. De surcroit, un ancrage trop élevé nuit à la compétitivité des entreprises exportatrices et peut favoriser les importations, ce qui décourage la production locale. Sans compter qu'il perpétue une économie de rente axée sur les matières premières. Pleinement légitime sur le plan théorique, cet argument n'est pertinent sur le plan économique que si le taux de change est effectivement surévalué et qu'au niveau national - ou régional - les capacités de substitution aux biens alimentaires, industriels et énergétiques existent et qu'elles soient portées par un soutien à la diversification ou à l'industrialisation.

Mais le débat autour du CFA dépasse ces enjeux économiques et monétaires - qui ne sauraient être résumés en quelques lignes dans cette préface - et est porté par une volonté affirmée de souveraineté plus globale dans cette région. Le rejet du CFA s'inscrit dans une lutte pour une émancipation vis-à-vis de la France, sur plusieurs fronts : diplomatique, économique, militaire et culturel. Mais là encore la question qui se pose est de savoir quelle souveraineté est envisagée : réformer le CFA doit-il permettre d'œuvrer à une coopération régionale participant aux intérêts des Africains ou de disposer d'un instrument discrétionnaire pour asseoir des positions souverainistes ? On retrouve là les problématiques propres à toute zone monétaire incluant plusieurs pays.

L'ouvrage de M. René Anatole Obam Nlong prend acte du passé et envisage l'avenir du franc CFA, notamment pour l'Afrique centrale. Il propose une réflexion pour les trajectoires monétaires africaines, au-delà des tabous, à partir d'une expertise technique et opérationnelle sur ces enjeux. Fruit d'une recherche approfondie, il plaide pour une monnaie commune réformée. Jugeant que la réunion des Chefs d'État de la CEMAC, le 17 mars 2023, fut une occasion manquée, l'auteur propose des pistes concrètes sur l'ensemble des sujets que soulève une telle réforme : le nom de la nouvelle devise, le régime de change, la monnaie d'ancrage, les mécanismes de contrôle de l'inflation, la gestion efficiente des réserves de change, l'impression des billets et la fabrication des pièces de monnaie, les règlements internationaux, les modalités de gouvernance au sein de la BEAC et de l'UMAC.

Ses réflexions sont précieuses et elles contribueront à la qualité du débat sur l'avenir du franc CFA de la Communauté économique et monétaire de l'Afrique centrale.

**EMILIE LAFFITEAU**[1]

[1] Émilie Laffiteau est chercheuse associée à l'IRIS, économiste, spécialiste de l'Afrique sub-saharienne, des enjeux macroéconomiques internationaux et de l'aide publique au développement. Consultante pour de nombreux organismes de coopération internationale, elle enseigne à IRIS Sup' et est l'auteure d'articles dans des revues scientifiques sur les politiques monétaires et budgétaires, l'intégration régionale et la résilience économique.

# Résumé

La réforme du franc de la Coopération Financière en Afrique centrale (XAF) et la proposition d'introduire une nouvelle monnaie répondent à des enjeux majeurs, parmi lesquels celui de disposer d'un instrument discrétionnaire et contracyclique qui permettrait d'asseoir des positions souverainistes, participant aux intérêts des peuples des pays de la Communauté économique et monétaire de l'Afrique centrale (CEMAC).

Les propositions de réforme portent, d'une part, sur un changement de nom et de régime de change. "AFRIX" qui est le nom de la future monnaie, retenue depuis le Sommet de Yaoundé du 17 mars 2023, pourrait symboliser une nouvelle identité monétaire pour la région, marquant ainsi une rupture avec le passé colonial des pays concernés. En rattachant l'AFRIX au panier de DTS (Droits de Tirages Spéciaux) plutôt qu'à l'euro, la nouvelle monnaie pourrait bénéficier d'une plus grande flexibilité, d'une impérieuse stabilité, qui la protégerait des aléas d'une seule devise.

D'autre part, la gestion souveraine des réserves de change, par la fermeture du compte d'opérations auprès du Trésor français et l'ouverture d'un compte auprès de la Banque des Règlements Internationaux (BRI) de Bâle en Suisse, est essentielle pour la stabilité économique, le contrôle des ressources financières et l'anticipation des crises économiques des six pays concernés. En fermant le compte d'opérations auprès du Trésor français, la présence française dans les instances de gouvernance de la Banque centrale régionale, qui en est la contrepartie, n'a plus de raison d'être. L'indépendance de la BEAC pourrait permettre une prise de décision plus adaptée aux réalités économiques locales et favoriser une meilleure intégration régionale.

Face à l'instabilité des devises africaines qui accable les économies du continent, AFRIX n'y échappera guère. La future monnaie serait une étape importante vers l'élargissement à la Communauté Économique des États de l'Afrique centrale (CEEAC), qui regroupe onze pays dont cinq utilisent sept monnaies, comprenant cinq monnaies nationales et deux devises étrangères, avec une diversité de régimes de change. Pour cela, la refonte du Fonds Monétaire Africain devient une nécessité absolue de gouvernance des monnaies africaines, symboles qui renvoient à la sécurité, c'est-à-dire la stabilité des prix, renforçant ainsi la coopération monétaire et financière entre les pays africains.

# Summary

The reform of the franc of the Financial Cooperation in Central Africa (XAF) and the proposal to introduce a new currency, the AFRIX, respond to major challenges, among which is that of having a cyclical instrument that would enable sovereign positions to be established, participating in the interests of economic agents and populations of the countries of the Central African Economic and Monetary Community (CEMAC).

The reform proposals are, on the one hand, a change of name and exchange rate regime. " AFRIX", the name of the future currency, adopted at the Yaoundé Summit in March 2023, could symbolize a new monetary identity for the region, by departing from the colonial past of the countries concerned. Through linking the AFRIX to the basket of SDRs (Special Drawing Rights) rather than to the euro, the new currency could benefit from greater flexibility and vital stability, which would protect it from the uncertainties of a single currency.

On the other hand, sovereign management of foreign reserves, by closing the operating account with the French Treasury and opening an account with the Bank for International Settlements (BIS) in Basel, Switzerland, is essential to economic stability, the control of financial resources and anticipation of economic crises in the six countries concerned. While closing the operating account with the French Treasury, the French presence in the governing bodies of the regional central bank, which is its counterpart, no longer has any reason to exist. The independence of BEAC could allow for more local decision-making and promote better regional integration.

Given the instability of African currencies that overwhelms African economies, AFRIX will be no exception. The future currency would be an important step towards enlargement to ECCAS, which includes eleven countries, five of which use seven currencies, including five national currencies and two foreign currencies with a variety of exchange regimes. Thus, the reworking of the African Monetary Fund becomes an absolute necessity of governance of African currencies, symbols that refer to security, which is price stability in strengthening monetary and financial cooperation between African countries.

# Introduction

Après l'Union Économique et Monétaire Ouest-africaine (UEMOA)[2] et la Banque centrale des États de l'Afrique de l'Ouest (BCEAO), le XV$^{ème}$ Sommet des Chefs d'État de la Communauté Économique et Monétaire de l'Afrique centrale (CEMAC) qui s'est tenu à Yaoundé au Cameroun, le 17 mars 2023, devait statuer sur l'avenir du franc de la Coopération Financière en Afrique centrale (XAF), monnaie commune utilisée par les six pays de l'Afrique centrale. La réforme ou non de ce franc CFA était très attendue, attendue par les populations des pays concernés, attendue par les opérateurs économiques, attendue par les Politiques, et accessoirement attendue par les activistes et influenceurs soi-disant panafricanistes. La montagne n'a pas accouché la souris…

Le débat sur le franc CFA est vieux depuis la création, en décembre 1945, de cette monnaie de la communauté des pays francophones, regroupés au sein de l'UEMOA, de la CEMAC et de l'Union des Comores. C'est le célèbre économiste camerounais Joseph Tchuindjang Pouemi (1980) [3], entre autres, ancien fonctionnaire au Fonds Monétaire International (FMI) qui en donnait le ton dans « Monnaie, Servitude et Liberté » dans les années 1980. Des discours aussi contradictoires ont fleuri tout au long des années avec d'éminents économistes africains, à l'instar de Kako Nubukpo[4] du Togo et Carlos Lopes[5] de Guinée-Bissau, pour laisser la place aux influenceurs et influenceuses se réclamant panafricanistes, éloignés de l'idéologie des précurseurs de cette pensée du Jamaïcain Marcus Garvey[6] et du Ghanéen Kwame Krumah[7].

---

[2] L'Union Économique et Monétaire Ouest-africaine (Benin, Burkina-Faso, Côte-d'Ivoire, Guinée Bissau, Mali, Niger, Sénégal, Togo)

[3] Cf. Annexe 1 infra

[4] Économiste, Ancien Ministre, Doyen de la faculté des sciences économiques et de gestion de l'Université du Togo

[5] Guinée-Bissau, 8$^{ème}$ Secrétaire Exécutif de la CEA (2012-2016)

[6] Leader noir du mouvement Back to Africa

[7] Premier président ghanéen (1960-1966) et Premier Ministre (1957-1960)

Certes, la monnaie n'est pas un simple instrument d'échanges, elle est également un instrument de puissance. C'est dire combien les enjeux sont énormes et importants. C'est pour toutes ces raisons que la réflexion a été confiée à la présidence de la CEMAC, l'institution sous-régionale devant fusionner dans un proche avenir avec la CEEAC[8]. Le 17 mars 2023 à Yaoundé, les Chefs d'État n'ont pas statué sur l'avenir du franc CFA, élargissant la réflexion au niveau des Ministres des Économies, des Finances des six pays concernés. Depuis lors, les ministres concernés se sont réunis plusieurs fois, sans avancée majeure.

Notre ouvrage propose une autre démarche de celles déjà existantes, outre celle commandée par les Chefs d'États des pays membres de la CEMAC. Notre approche consacre une analyse purement économique et monétaire sur ce qui se dit sur le franc CFA, pour éclairer les dirigeants de la CEMAC sur l'avenir inéluctable de cette monnaie commune qu'est le Franc de Coopération financière de l'Afrique centrale, eu égard à de nombreuses expériences de réformes monétaires à travers le monde, lesquelles se sont soldées par plus d'échecs que de réussites, et compte tenu des expériences de gestion des monnaies africaines, en particulier.

Cet ouvrage vient nourrir la réflexion sur la possibilité immédiate de réformer le franc de la Coopération Financière en Afrique centrale. Trois principales idées sont abordées. La première fait l'état des lieux des contestations du système monétaire en question, avec des éléments de langage développés par les pourfendeurs du franc CFA et des adeptes de cette monnaie commune. Dans la revue de littérature qui y est consacrée, nous avons mis en exergue les avantages et les inconvénients de cette monnaie pour les utilisateurs qui sont les pays africains et pour la France qui en est la garante.

La deuxième idée porte sur la réforme du franc CFA de la zone UEMOA, survenue en décembre 2019. Le modèle

---

[8] Communauté économique des États de l'Afrique centrale qui regroupe 11 pays : Angola, Burundi, Cameroun, République Centrafricaine, République du Congo, République Démocratique du Congo, Gabon, Guinée équatoriale, Rwanda, Tchad, Sao Tomé-et-Principe

UEMOA est la première phase d'une réforme partielle. Elle deviendra complète voire définitive avec l'aboutissement de l'Eco, monnaie commune des quinze pays de la CEDEOA si les poids lourds de cette communauté économique consentent à accorder un intérêt communautaire.

Enfin, la troisième idée forte propose une démarche originale, celle de la possibilité immédiate de réformer le franc CFA de l'Afrique centrale, pour permettre aux pays concernés de disposer d'un instrument discrétionnaire et contra cyclique, indispensable de réaffirmer davantage la souveraineté des États, en prenant en compte plusieurs réalités perceptibles : l'élargissement de la CEMAC à la CEEAC, le nouvel ordre monétaire mondial qui émerge en silence, par la montée de la Chine et des BRICS, l'instabilité permanente des monnaies africaines, et la nécessité absolue de trouver une solution définitive aux problèmes d'instabilité monétaire des pays africains et des crises économiques récurrentes des économies africaines, dans un cadre plus large, celui du Fonds Monétaire Africain, qui nécessite aujourd'hui une véritable refonte.

# De la définition économique aux considérations politiques

## Différentes approches

Plusieurs définitions sont données à cet instrument économique qu'est la monnaie. Elles sont à la fois économiques, politiques et même sociales, au-delà de son rôle et de sa vocation de régulateur de la politique économique.

S'agissant d'une monnaie commune comme le franc CFA, parmi les objectifs nobles, cette monnaie vieille de près de quatre-vingt ans, permet de : (1) protéger les populations contre l'inflation, (2) faire croître le marché intérieur, (3) développer les échanges commerciaux et de mettre en place un partage des risques entre pays, et aussi (4) de pouvoir amortir les chocs exogènes des économies des pays concernés. In fine, la politique monétaire doit être de nature à générer de la croissance, entre autres. Aussi, la monnaie doit être un outil de contrôle et de régulation des systèmes économiques.

Simplement, la monnaie est un instrument d'échanges entre les différents agents économiques. C'est également un instrument de puissance. Le cas des États-Unis d'Amérique est illustratif avec le dollar, la devise américaine et ses dérivés comme le pétrodollar. En d'autres termes, on dira qu'une monnaie est un symbole qui régule, permet et favorise les échanges entre les agents économiques d'un pays donné ou hors du pays concerné. La monnaie peut renvoyer à la sécurité. Ce fut le cas du dollar relié à l'étalon-Or[9].

En effet, la Conférence internationale de Bretton Woods, qui s'est tenue du 1er au 22 juillet 1944, à Mont Washington Hôtel,

---

[9] Tout au long du XIX$^{ème}$ siècle, l'étalon-or a dominé les changes. L'or créait un taux de change fixe entre les pays. La masse monétaire était limitée aux réserves d'or. Par conséquent, les pays qui manquaient de métal jaune devaient emprunter de l'argent pour financer leur production et leurs investissements.

dans le New Hampshire aux États-Unis d'Amérique, définissait les contours d'une nouvelle architecture financière internationale. Le système monétaire international est né. Son objectif était d'éviter des crises économiques comme celle de l'année 1930. Organisé autour du dollar américain qui devenait ainsi la seule monnaie convertible en or : le Gold Exchange Standard. Désormais, l'once d'or s'échangeait contre 35 dollars américains. La parité fixe entre l'or et le dollar avait-il inspiré les fondateurs du *franc des colonies françaises d'Afrique (franc CFA)* en 1945 ? Puisque le franc CFA concoure à la stabilité des prix intérieurs des pays concernés, entre autres.

Pour l'histoire, Richard Nixon, le 37ème Président des États-Unis, annonçait unilatéralement la suspension de la convertibilité du dollar en or en août 1971, conscient des difficultés américaines à maintenir la confiance dans le dollar. Le 8 janvier 1976, les « accords de la Jamaïque[10]» *légalisent le système des taux de change flottants* et mettent fin au régime des parités fixes, mais ajustables, ouvrant ainsi la voie au flottement du dollar et des monnaies européennes.

Bien évidemment, la monnaie peut aussi renvoyer à la domination. Elle n'apparait plus comme un simple symbole renvoyant à la sécurité c'est-à-dire à la stabilité des prix, mais comme un instrument de puissance. En tant qu'instrument de puissance, l'ingénieux Secrétaire d'État américain, Henri Kissinger, imposa le *pétrodollar*. En effet, toute transaction de l'or noir (pétrole), des mines ou des minerais devait se faire en dollar américain sur les marchés internationaux. C'est peut-être cet aspect de domination, relativement de l'euro, qui braque ainsi les pourfendeurs du franc CFA vis-à-vis du partenaire français ?

---

[10] Les Accords de la Jamaïque (Kingston, les 7 et 8 janvier 1976) : le Comité intérimaire du FMI met un terme définitif au système monétaire de parités fixes mais ajustables. Ils confirment officiellement l'abandon du rôle légal international de l'or.

## Les considérations politiques

Officiellement « le franc des colonies françaises d'Afrique (franc CFA) » est né le 26 décembre 1945, en même temps que « le franc des colonies françaises du Pacifique (franc CFP) ». En 1958, l'acronyme CFA change d'étymologie pour devenir « le franc de la communauté française d'Afrique ». Après les indépendances en 1960 de la majorité des pays africains utilisateurs des francs CFA, *le franc de la communauté financière africaine (XOF)* est émis par la Banque centrale des États de l'Afrique de l'Ouest (BCEAO) pour les huit pays de l'Afrique de l'Ouest, regroupés au sein de l'Union monétaire ouest-africaine (UMOA), créée en 1962 ; et le *« franc de la coopération financière en Afrique centrale (XAF)* est émis par la Banque centrale des États de l'Afrique équatoriale et du Cameroun (BCEAEC) pour le Gabon, la République du Congo, la République Centrafricaine, le Tchad et le Cameroun[11]. Les deux francs CFA et le franc malgache, monnaie partagée par Madagascar (sorti du système en 1973)[12] et les Comores, sont ainsi les trois unités monétaires de la Zone franc. *Le franc comorien*, émis par la Banque centrale des Comores de l'Union des Comores[13] voit le jour en 1976.

Créée bien avant le franc CFA et le franc CFP, précisément le 9 septembre 1939, la Zone franc était constituée de la France et des trois communautés économiques : l'UEMOA pour les huit pays de l'Afrique de l'Ouest, la CEMAC pour les six pays de l'Afrique centrale, l'Union des Comores pour l'archipel de

---

[11] Ndongo Samba Sylla et Fanny Pigeaud (2021) « chap. 2 : la laisse monétaire : contestation et consolidation du système CFA » dans L'Empire qui ne veut pas mourir : une histoire de la Françafrique, Edition du Seuil, octobre 2021

[12] De 1960 à 1972, Madagascar faisait partie intégrante de la Zone franc, qu'elle quitte en 1973 et crée le franc malgache. Depuis le 31 juillet 2003, l'unité monétaire malgache est devenue l'Ariary (MGA),

[13] Les Comores ont demandé leur appartenance à la Zone franc en 1979. Cf. Bernard Vinay « Les entrées et sorties des pays de la Zone franc » *La France et l'outre-mer. Un siècle de relations monétaires et financières,* Comité pour l'histoire économique et financière de la France, Paris, 1998.

Comores[14], réunies autour de trois Banques centrales : la BCEAO, la BEAC et la Banque centrale des Comores. Son objectif était de favoriser la stabilité monétaire et financière. Son cadre institutionnel s'appuie sur deux principes de coopération monétaire :

- une parité de change fixe des trois monnaies des pays africains de la zone, déjà avec le franc français, puis avec l'euro ;
- une garantie de convertibilité illimitée de ces trois monnaies, déjà avec le franc français, puis avec l'euro, par le Trésor français.

En contrepartie de la garantie du Trésor français, les réserves de change des États de la Zone franc sont centralisées. Cette centralisation s'effectue en deux temps : une centralisation des réserves de change des États auprès des Banques centrales, puis le dépôt d'une partie (65 %, puis 50%) des avoirs de ces Banques centrales auprès du Trésor français sur des *Comptes d'opérations rémunérés*. En complément, un cadre de convergence économique permet de favoriser la stabilité, l'intégration et la coopération au sein de la Zone franc. Les deux Unions monétaires et l'Union des Comores émettent des monnaies différentes (XOF, XAF et KMF), non convertibles entre elles.

## Un long cheminement

Véritablement l'histoire du franc CFA apparait si lointaine. Elle ne débute pas en décembre 1945 lors de la création des unités monétaires pour les colonies françaises d'Afrique et les colonies françaises du Pacifique. Cette histoire est circonscrite autour d'un mécanisme complexe connu sous la dénomination de la « Zone franc ». Elle chemine ainsi depuis la colonisation, puis le processus de décolonisation, aux indépendances des

[14] Il est constitué principalement de quatre îles : Grande Comore, Anjouan, Mohéli et Mayotte, revendiquée par les Comores, mais qui est restée française.

pays africains de l'Afrique de l'Ouest, de l'Afrique centrale et les pays francophones de l'Océan indien, jusqu'à un passé très récent. La longue aventure prend sa source à la veille de la seconde guerre mondiale, plus précisément à la fin des années 30, par des dispositions réglementaires du gouvernement français de l'époque pour les territoires de l'empire colonial français. Le long cheminement des francs CFA et de la Zone franc est retracé comme suit.

## La Zone franc avant les indépendances

**1939 :** les décrets du 28 août et des 1er et 9 septembre 1939 instituent un strict contrôle des changes entre la France et ses colonies d'une part, et le reste du monde d'autre part, pour se protéger des déséquilibres structurels en économie de guerre. L'expression « Zone franc » apparaît pour la première fois à cette occasion.

**1945 :** le 26 décembre 1945 sont créés le *franc des colonies françaises d'Afrique (franc CFA)* et *le franc des colonies françaises du Pacifique (le franc CFP).* Un franc CFA tout comme un franc CPF vaut, chacun, 1,7 franc français (FF).

**1948 :** La valeur du franc CFA est portée à 2 francs français (FF).

**1958 :** le franc CFA devient le « franc de la Communauté Française d'Afrique ».

**1959 :** la Banque centrale des États de l'Afrique de l'Ouest (BCEAO) est créée, et se substitue à l'Institut d'émission de l'Afrique occidentale française et du Togo. De la même manière, l'Institut d'émission de l'Afrique équatoriale et du Cameroun fait place à la Banque centrale des États de l'Afrique équatoriale et du Cameroun (BCEAEC).

## La Zone franc et le processus de décolonisation

L'accession des anciennes colonies françaises à l'indépendance est rapidement suivie de la signature d'accords bilatéraux de coopération monétaire entre la France et ses anciennes colonies. Celles-ci demeurent néanmoins libres d'émettre leur propre monnaie, et de quitter ainsi la Zone franc, tout en maintenant une coopération monétaire avec la France.

**1960 :** Aux indépendances des pays colonisés ou sous tutelle de la France, le franc CFA devenu, entre temps, le « franc de la Communauté Française d'Afrique », devient le « franc de la Communauté Financière d'Afrique » en Afrique de l'Ouest et le « franc de la Coopération Financière en Afrique centrale » pour les pays de l'Afrique équatoriale et le Cameroun.

**1960 :** La Guinée quitte la Zone franc et crée « le franc guinéen (GNF) », le 1er mars 1960 par décision de Sékou Touré. Ainsi : 1 GNF = 1 FCFA

**1960 :** le nouveau franc français (FRF) est mis en circulation. Désormais, 1 FRF = 50 FCFA.

**1962 :** les États d'Afrique de l'Ouest appartenant à la Zone franc créent une union monétaire : l'Union monétaire des États de l'Afrique de l'Ouest (UMOA) qui regroupe alors la Côte d'Ivoire, le Dahomey (actuel Bénin), la Haute-Volta (actuel Burkina Faso), la Mauritanie, le Niger, le Sénégal et le Mali (qui quitte la Zone franc de 1962 à 1984).

**1962** : le 1er juillet 1962, le Mali crée sa propre monnaie, sur décision du Président Modibo Keita. La valeur initiale du franc malien est égale à celle du franc CFA.

**1962** : le 12 mai 1962, la France et les États de l'UMOA signent des accords de coopération monétaire, dits « accords de Matignon » qui se substituent ainsi aux accords bilatéraux.

**1965 :** Les Ministres des Finances de la Zone franc se réunissent pour la première fois à Paris en mars 1965. Cette rencontre sera par la suite institutionnalisée à un rythme semestriel, notamment lors des réunions de printemps (avril de chaque année) et des assemblées annuelles (octobre de chaque année) du Fonds Monétaire International et de la Banque mondiale.

## Les accords de coopération monétaire des années 1970

La signature des trois accords de coopération monétaire de la Zone franc dans les années 1970 permet de prendre en compte les évolutions qui ont vu le jour depuis les indépendances, eu égard aux aspirations des États africains de la Zone franc, notamment, accroître leurs responsabilités dans le domaine économique et financier.

**1972 :** la Convention de coopération monétaire entre les États de l'Afrique centrale est signée le 22 novembre 1972. Elle deviendra la Convention régissant l'Union monétaire de l'Afrique centrale (UMAC) en 1996 et sera modifiée en 2008. À l'instar des pays d'Afrique de l'Ouest, les États d'Afrique centrale appartenant à la Zone franc s'engagent dans la constitution d'une union monétaire. La France et les États de l'Afrique centrale appartenant à la Zone franc signent une convention de coopération monétaire (Convention entre les États membres de la Banque des États de l'Afrique centrale et la République française) le 23 novembre 1972. Cette convention n'a jamais été modifiée.

**1973 :** le Traité constituant l'Union monétaire ouest-africaine est signé le 14 novembre 1973. L'accord de coopération monétaire entre la République française et les Républiques membres de l'Union monétaire ouest-africaine, l'un des trois accords de la Zone franc demeurés inchangés à ce jour, est signé le 4 décembre 1973. ***La Mauritanie*** *choisit de ne pas signer le traité de l'UMOA et, partant, l'accord de coopération monétaire avec la France. Elle quitte ainsi la Zone franc.* ***Madagascar*** *choisit d'émettre sa propre monnaie, et ne compte plus parmi les pays de la Zone franc*. Les États de l'Union monétaire ouest-africaine créent la Banque Ouest-africaine de Développement (BOAD) dont le siège est à Lomé au Togo.

**1975 :** la Banque de Développement des États de l'Afrique centrale (BDEAC) est créée. Son siège est à Brazzaville au Congo.

**1977 :** Le siège de la Banque des États de l'Afrique centrale est transféré de Paris à Yaoundé au Cameroun *(Voir Annexe n°1 infra).*

**1978 :** le siège de la Banque centrale des États de l'Afrique de l'Ouest est transféré de Paris à Dakar au Sénégal *(Voir Annexe n°1 infra).*

**1979 :** la signature de l'Accord de coopération monétaire entre la République française et la République fédérale islamique des Comores, entérinant l'appartenance de l'Union des Comores à la Zone franc, intervient le 23 novembre 1979. La parité entre le franc français (FRF) et le franc comorien (KMF) est fixée à 1 FRF = 50 KMF.

**1981 :** une réunion des hauts fonctionnaires des ministères des Finances, des Banques centrales et des principales institutions de la Zone franc est instituée pour préparer la réunion des ministres des Finances de la Zone franc.

**1984 :** le 1er juillet 1984, le Mali adhère à nouveau à la Zone franc.

**1985 :** la Guinée Équatoriale de Theodoro Obiang Nguema adhère à son tour à la Zone franc.

## Des unions monétaires aux unions économiques

À partir de 1994 et de la dévaluation qui constitue un élément déclencheur, les États africains de la Zone franc décident de s'engager dans la constitution d'unions économiques, complémentaires des unions monétaires.

**1994 :** les francs CFA et le franc comorien sont dévalués, respectivement de 50% et de 33%, le 11 janvier 1994 à Dakar au Sénégal, sous le gouvernement français d'Edouard Balladur. À compter de cette date :

1 FRF = 100 FCFA, au lieu de : 1 FRF = 50 FCFA
1 FRF = 75 KMF, au lieu de : 1 FRF = 50 KMF

**1994 :** le Traité constitutif de l'Union économique et monétaire ouest-africaine (UEMOA) et le Traité instituant la Communauté économique et monétaire de l'Afrique centrale

(CEMAC) sont signés respectivement le 10 janvier 1994 à Dakar et le 16 mars 1994 à N'Djamena au Tchad entre les États membres de chacune des unions monétaires *(Voir Annexe n°1, Figure 2, infra).*

**1997 :** la Guinée-Bissau rejoint la Zone franc.

**1998 :** le 23 novembre 1998, *le Conseil de l'Union Européenne reconnaît les accords de coopération monétaire entre la France et les États de l'Union monétaire ouest-africaine, les États de la Banque des États de l'Afrique centrale et l'Union des Comores*, au motif principal que l'engagement de la France relève d'un engagement budgétaire. Le passage à l'euro n'entraîne pas de modification de parités.

A compter du 1er janvier 1999 :

1€ = 655,957 FCFA ;
1 € = 491,968 KMF.

**2019** : le 26 décembre 2019 marque la réforme du franc CFA de la zone UEMOA.

Depuis la réforme du franc CFA de la zone UEMOA, en décembre 2019, les réunions semestrielles de la Zone franc ne se tiennent plus à Bercy au Ministère français des Finances, en prélude aux Assemblées annuelles ou aux Réunions du printemps, organisées chaque année par le Fonds Monétaire International et de la Banque mondiale. Désormais, les réunions bilatérales portant sur des sujets d'intérêts communs de coopération économique et financière continuent de se tenir dès que nécessaire.

## Les controverses

Il ne s'agit pas de controverses dans l'assertion scientifique du terme. Bien que le terme ait souvent le sens d'une vive polémique, il est employé ici dans le sens plus restreint de débat ayant en partie pour objet des connaissances scientifiques ou techniques qui ne sont pas toujours assumées. Il ne s'agit pas de suivre n'importe quelles polémiques sur le franc CFA qui font la une des médias ou des réseaux sociaux, mais seulement celles qui mettent en jeu des compétences, notamment techniques, au sens large du terme. Ces polémiques nourries, entre autres, par ceux qui se considèrent comme les panafricanistes, pourfendeurs des francs CFA et d'autres qui reconnaissent, malgré tout, les avantages indéniables qu'apporte le franc CFA aux populations des pays utilisateurs. Loin d'épuiser ce débat, il y a lieu d'en faire un état des lieux.

## État des lieux

Très ancienne, la contestation du franc CFA est devenue de plus en plus virulente, de plus en plus violente dans les trois pays du Sahel qui viennent de vivre des coups d'état militaires, notamment au Mali (18 août 2020[15] et 24 mai 2021[16]), au Burkina Faso (23 janvier 2022[17] et 30 septembre 2022[18]) et au Niger (26 juillet 2023[19]). Le rejet de cette monnaie se manifeste, soit par les populations à travers des manifestations et des slogans anti-français, soit par les discours des nouveaux

[15] Coup d'état du Colonel Assimi Goïta contre le Président élu Ibrahim Boubacar Keita (2013-2018)

[16] Coup d'état du Colonel Assimi Goïta contre Bah N'Daw, président de transition (25/09/2020 à 24/05/2021)

[17] Coup d'état du Lieutenant-Colonel Paul-Henri Sandaogo Damiba contre le Président élu Rock Marc Christian Kaboré (2015-2020)

[18] Coup d'état du Capitaine Ibrahim Traoré contre le Lieutenant-Colonel Paul-Henri Sandaogo Damiba, Président de transition (31 janvier au 30 septembre 2022)

[19] Coup d'état du Général Tchiani Abdourahamane contre le Président élu Mohamed Bazoum (02/04/2021 au 26/07/2023)

dirigeants ou par certains intellectuels connus et quelques activistes dits panafricanistes. Cette contestation tourne autour de deux aspects : (1) l'héritage de la domination coloniale de la France ; (2) les inconvénients inhérents au régime de change : la parité fixe entre le franc CFA et l'euro. Cette fixité de parité demeure inchangée depuis la dévaluation de 50% du franc CFA de janvier 1994.

Le Front panafricain anti-CFA, porté par l'activiste franco-béninois Kemi Seba, les franco-camerounais Franklin Nyamsi et Nathalie Yamb, est très actif sur les réseaux sociaux depuis 2017. Dans les milieux intellectuels, parmi les nombreux défenseurs de son retrait, on retrouve l'économiste togolais Kako Nubukpo qui a développé une abondante littérature sur le franc CFA ou l'économiste et sociologue camerounais Martial Ze Belinga. On peut, par ailleurs, souligner que ce rejet est également perceptible en Afrique centrale, au Cameroun par exemple, mais dans une moindre mesure.

Mais le rejet du CFA va en réalité bien au-delà de l'enjeu monétaire : c'est sans doute la bataille la plus symbolique que puissent mener les partisans d'une prise de distance avec la France, à de multiples niveaux : diplomatique, économique, militaire ou culturel. Bref, il ne s'agit pas seulement de revendication de souveraineté monétaire, mais de souveraineté nationale tout court.

Dans la pratique, nous n'observons pas un rejet systématique du franc CFA, soit par les populations africaines, soit par les épargnants ou par les investisseurs. Depuis la vague des coups d'état, nous n'observons pas une dépression réelle de la valeur du franc CFA vis-à-vis des autres monnaies, comme au Ghana[20] ou au Nigéria[21]. Pour ces pays, le franc CFA demeure une valeur refuge.

A contrario, la confiance au franc CFA reste maintenue, comme l'atteste la levée de fonds de la Côte d'Ivoire[22] et

[20] Le Cedi, la devise ghanéenne, a perdu près de 50 % de sa valeur en 2022.

[21] Au premier trimestre 2024, le Naira, a chuté à 1 524 pour 1 dollar US, reflétant une perte de valeur de 230 % au cours de 2023.

[22] 2,6 milliards de dollars à travers deux obligations de durées respectives de neuf ans et treize ans (janvier 2024)

d'autres comme le Benin[23] ou le Cameroun[24] sur le marché obligataire. Dans un contexte de troubles politiques et sécuritaires que vivent les trois pays du Sahel, le franc CFA n'a pas perdu sa valeur. La monnaie a toujours été protégée, les populations africaines concernées, qui vivent en dessous du seuil de pauvreté, ont toujours eu le même pouvoir d'achat. Certes, le Mali, le Burkina Faso et le Niger ont quitté officiellement et définitivement la CEDEAO le 29 janvier 2025, pour des raisons politiques (application des modalités des transitions militaires, maintien des sanctions économiques, etc.), mais restent membres actifs de l'Union Économique et Monétaire Ouest-africaine qui est la zone économique et monétaire, régie par le franc CFA. En même temps, la BCEAO, la banque centrale régionale, continue d'assurer les services requis aux profits de ces trois pays du sahel.

### De la domination post-coloniale de la France ...

L'appellation Franc permet d'entretenir la confusion. Les personnes de mauvaise foi, pour la plupart se réclamant panafricanistes, continuent de penser au fait colonial. Et pourtant, sur les bords du lac Léman, le Franc suisse (CHF) a cours légal et pouvoir libératoire sur l'ensemble du territoire helvétique, sans connotation péjorative avec la France. Avant l'avènement de l'euro, le Royaume de Belgique utilisait le Franc belge (BEF), alors que ce pays européen n'a jamais été colonisé par la France.

En Afrique centrale, la République Démocratique du Congo qui n'avait jamais été colonisée par la France a abandonné le Zaïre (ZRZ) au profit du Franc congolais (CDF) en 1998. Au Burundi, au Rwanda, à Djibouti et même aux Comores, on utilise respectivement le Franc burundais (BIF), le Franc rwandais (RWF), le Franc de Djibouti (DJF), le Franc comorien

[23] 750 millions de dollars sur une période de 14 ans (février 2024).

[24] 125 milliards FCFA en juin 2024 (1 an de maturité au taux de 6,58%) après les 16 milliards FCFA de juin 2013

(KMF) (Cf. tableau 1), sans rapport direct de subordination avec la France.

Que dirait-on du Dollar du Zimbabwe (ZWL), du Dollar namibien (NAD) ou du Dollar libérien (LRD) ? La même observation se fait également dans les pays de l'Afrique du Nord que sont l'Algérie, la Libye et la Tunisie, qui utilisent le Dinar. Nous convenons ainsi que les appellations Franc, Dollar, Dinar et autres (Livre, Shilling, Roupie…) ne sont pas les vestiges d'une quelconque colonisation ou de la perpétuité d'une domination d'un pays sur les autres. Il serait donc abusif de dire que *l'appellation franc CFA, découle automatiquement de celle du Franc, et donc de la France*, est forcément un marqueur de la domination française. Elle ne doit pas être vue sous le prisme de la colonisation ou d'une quelconque domination.

Pour l'histoire, Tchuindjang Pouemi (1980) considère que « le franc CFA est une monnaie héritée du temps des colonies. Il est donc un instrument voire un objet de servitude ». Néanmoins, il pense qu'il y a des voies d'espoir et avait proposé en son temps des approches sous forme de réformes. Avec la rigueur de son background de mathématicien, l'économiste décrit la place de la monnaie au cœur des économies modernes et le rôle de la monnaie comme outil de pouvoir, de contrôle et de régulation des systèmes économiques. Plus proche de nous, Gnimassoun (2019) montre que l'appartenance à l'UEMOA et à la CEMAC n'a pas d'impact significatif sur la croissance des pays concernés, mais que l'inflation réduit significativement la croissance, ce qui limite la portée de la critique séminale de Tchundjang Pouemi. Nubukpo (2024) va plus loin en affirmant que l'inflation en zones UEMOA et CEMAC est d'origine non monétaire et la gestion du franc CFA laisse de côté la recherche de la croissance et la création d'emplois.

Reconnaissons toute de même que la seule domination monétaire existante aujourd'hui reste celle du dollar américain (Accords de Bretton Woods de 1944)[25]. Et pourtant, les États-

---

[25] Accords conclus à la suite de la conférence monétaire, tenue à Bretton Woods (New Hampshire, États-Unis) en juillet 1944, entre 44 pays, et qui

Unis d'Amérique n'ont jamais colonisé un seul pays au monde. Au contraire, ils l'ont été par les pays européens.

---

instaurèrent un système monétaire basé sur la libre convertibilité des monnaies et la fixité des taux de change. L'hégémonie du dollar, dont la valeur était définie par rapport à l'or, y fut consacrée. De ces accords sont nés le FMI et la Banque internationale de reconstruction et de développement (Banque mondiale). Les accords de Bretton Woods furent remplacés, en janvier 1976, par les accords de la Jamaïque.

**Tableau 1** – Pays africains utilisant les mêmes acronymes monétaires

| Acronyme | Drapeau | Pays ou Communautés | Monnaie | Code ISO |
|---|---|---|---|---|
| DINAR |  | Algérie | Dinar algérien | DZD |
| |  | Libye | Dinar libyen | LYD |
| |  | Tunisie | Dinar tunisien | TND |
| FRANC |  | R.D. du Congo | Franc congolais | CDF |
| |  | Burundi | Franc burundais | BIF |
| |  | Djibouti | Franc de Djibouti | DJF |
| | 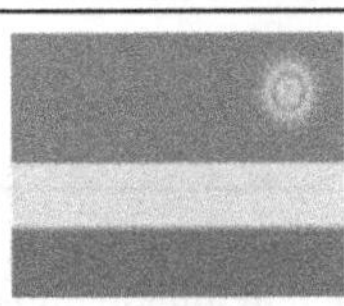 | Rwanda | Franc rwandais | RWF |
| | | UEMOA | Franc CFA | XOF |

| | | | | |
|---|---|---|---|---|
| |  | CEMAC | Franc CFA | XAF |
| |  | Union des Comores | Franc comorien | KMF |
| DOLLAR |  | Namibie | Dollar namibien | NAD |
| |  | Zimbabwe | Dollar du Zimbabwe | ZWL |
| |  | Liberia | Dollar libérien | LRD |

**Source** : Africawi : les monnaies utilisées en Afrique

## ….À la souveraineté

Le débat sur le franc CFA nourrit allégrement deux conceptions de la notion de souveraineté. Pour les économistes, d'obédience monétariste, il s'agit de la souveraineté monétaire qui se distingue aisément de la souveraineté politique voire la souveraineté nationale des pays africains, utilisateurs du franc CFA. Elle est mise en avant par les soi-disant panafricanistes et autres pourfendeurs du franc CFA.

S'agissant de *la Souveraineté politique*, la contestation du franc CFA parait très ancienne. Il se pourrait qu'elle date de la création du franc CFA en 1945 par le Ministère des Colonies et le Ministère des Finances de la République Française. Les deux ministères ne s'accordaient pas sur les instruments de gouvernance et de gestion de la nouvelle monnaie coloniale. En effet, le franc CFA souffre de plusieurs péchés originels : (1) l'acronyme franc CFA ; (2) l'appartenance à une zone monétaire ; (3) le régime de change fixe ; (4) la garantie de convertibilité et accessoirement (5) l'impression des billets de banque et la fabrication des pièces de monnaie hors du continent africain.

### Le franc CFA est considéré comme un des vestiges de la colonisation

En effet, cette monnaie coloniale a été créée le 26 décembre 1945, au pire moment de la colonisation française, en même temps que les autres symboles du moment, à l'instar de l'usage du chant de ralliement français, appelé « la Marseillaise », la célébration du 14 juillet, l'usage de la langue française dans les colonies françaises d'Afrique, la mise en application de la rude politique de l'indigénat, l'évangélisation au christianisme, etc. Le franc CFA porte bien son nom. C'est le franc des colonies françaises d'Afrique. Certes, cette appellation a évolué au fil du temps. Ainsi, le sigle FCFA a signifié :

- de 1945 à 1958, « franc des Colonies françaises d'Afrique » ;
- de 1958 à 1960, « franc de la Communauté Financière Africaine[26] » pour les pays de l'Union Économique et Monétaire Ouest africaine (UEMOA) et « franc de la Coopération Financière en Afrique centrale[27] » pour les pays de la Communauté économique et monétaire d'Afrique centrale (CEMAC).

À tort ou à raison, il reste évident que le franc CFA, ne serait-ce que par son nom « franc », demeure un héritage de la période sombre des pays africains francophones d'après-guerre. Même si des arguments alambiqués ne manquent pas d'animer

---

[26] Le franc de la Communauté Financière Africaine (FCFA, ISO 4217 : XOF et 952), émis et géré par la Banque centrale des États de l'Afrique de l'Ouest pour les huit États membres de l'Union économique et monétaire ouest-africaine (UEMOA).

[27] Le franc de la coopération financière en Afrique centrale (FCFA, ISO 4217 : XAF et 950), émis par la Banque des États de l'Afrique centrale pour les six États membres de la Communauté économique et monétaire de l'Afrique centrale (CEMAC).

le débat, la volonté des États et des peuples africains de disposer d'un instrument discrétionnaire de politique monétaire en s'affranchissant pleinement de la tutelle de la France, apparait pleinement légitime.

## La Zone franc : autre marqueur d'appartenance du franc CFA

L'expression *Zone franc* apparaît pour la première fois à la fin des années 30, plus précisément en 1939. Elle recouvre trois régions : les huit pays de l'UEMOA, les six pays de la CEMAC et les deux entités de l'Union des Comores. Chaque région dispose de sa Banque centrale et de sa propre monnaie : la BCEAO dont le siège est à Dakar au Sénégal et sa monnaie le franc de la communauté financière d'Afrique (XOF) ; la BEAC qui a son siège à Yaoundé au Cameroun et sa monnaie le franc de la coopération financière d'Afrique centrale (XAF) ; la Banque centrale des Comores (BCC) qui a son siège à Moroni dans la Grande Comore et sa monnaie le franc comorien (KMF).

Depuis la réforme du franc CFA de l'UEMOA de 2019, les réunions consacrées à la Zone franc ne se tiennent plus. Néanmoins, les réunions bilatérales continuent de se tenir entre la France et ses partenaires africains, à chaque fois que cela est nécessaire. Ce qui est considéré de fait comme la fin de la Zone franc.

## La parité fixe

D'après Boubacar Sene[28] (2024), il existe trois grandes catégories de régimes de change : (1) *les solutions corners fixes* (régime de change fixe, caisse d'émission, union monétaire, dollarisation et euroïsation) ; (2) *les solutions intermédiaires* (panier de monnaies, parité rampante (crawling peg), zone cible ou parité encadrée, parité rampante encadrée (craw-like

[28] Boubacar Sene est professeur titulaire des Universités à l'Université Cheikh Anta Diop de Dakar au Sénégal.

arrangement)) ; (3) *les solutions corners flottants* (flottement pur et flottement impur dont le régime de change flexible semi-convertible).

L'UEMOA et la CEMAC sont dans la première catégorie qualifiée de régime de change fixe dur. Le rapport annuel du FMI sur les régimes et les restrictions de change définit le régime de change du franc CFA comme un « arrimage traditionnel »[29].

En effet, le système de parité fixe a été défini à l'origine de la création du franc CFA, le 26 décembre 1945, lorsque la France ratifie les accords de Bretton Woods et procède à sa première déclaration de parité au FMI. Le franc CFA est alors émis par la Caisse centrale de la France d'outre-mer[30]. La parité, qui est alors fixée, est de 1,7 franc métropolitain pour 1 franc CFA. Cet écart, en faveur des pays africains, s'explique par le déficit des finances publiques françaises au sortir de la deuxième guerre mondiale. En 1948, cette parité est établie à 2 FRF et a évolué comme le montre le tableau 2 qui suit.

[29] Annual Report on Exchange Arrangements and Exchange Restrictions, IMF (2024a)

[30] La Caisse centrale de la France d'outre-mer est l'organisme monétaire français, chargée de l'émission monétaire dans les colonies françaises entre 1944 et 1959. La Caisse centrale de coopération économique, héritière de la Caisse centrale de la France d'outre-mer, est devenue aujourd'hui l'Agence française de Développement (AFD).

**Tableau 2** – Évolution de la parité du franc CFA

| Date | Evènement | Taux de conversion |
|---|---|---|
| 26 déc. 1945 | Création du franc CFA | 1 FCFA = 1,70 FF |
| 17 octobre 1948 | Dévaluation du franc français (FF) | 1 FCFA = 2,00 FF |
| 1er janvier 1960 | Instauration du nouveau franc français (FRF) | 1 FCFA= 0,02 FRF |
| 11 janvier 1994 | Dévaluation de 50 % du franc CFA | 1 FCFA = 0,01 FRF |
| 1er janvier 1999 | Création de l'Euro et Arrimage du franc CFA à l'Euro | 1 FCFA = 0,00152 EUR |

**Source** : Wikipédia

Comme l'indique le tableau 2, le régime de change fixe est figé depuis le 12 janvier 1994. Le 1er janvier 1999, le franc CFA est arrimé à l'euro avec un taux de change fixe. Ce taux de change entre l'euro et le franc CFA n'a jamais changé. Cela fait plus de vingt-cinq ans. Pour certains cela constitue incontestablement un handicap.

À l'analyse, le franc CFA est arrimé à une devise forte, une monnaie commune des vingt pays industrialisés d'Europe occidentale. De ce fait, le franc CFA favorise les importations des biens d'équipements et de consommation au détriment des exportations des produits africains. En d'autres termes, l'arrimage du franc CFA à l'euro n'incite pas les entreprises exportatrices africaines à fournir des efforts de compétitivité. Pour cela, cet attelage décourage la volonté de substitution aux importations par la production locale. Cet arrimage entretient les pays dans une forte dépendance pour ses intrants (principalement des biens intermédiaires en provenance de Chine et d'autres continents) et maintient une économie de rente.

Mais, ce que l'on ne fait pas c'est *d'analyser la composition des exportations des pays africains concernés.* Les pays africains exportent des matières premières, notamment (1) les ressources du sous-sol qui sont extraits par des multinationales étrangères, (2) les produits d'exportation agricoles (cacao, café, bois, etc.) qui ne sont pas toujours transformés en Afrique. Cette réalité maintient nos pays à la position des économies de rente, puisque de tout temps, les pays producteurs de ces ressources ne sont pas des faiseurs de prix sur les marchés internationaux. Les prix sont fixés par les principaux demandeurs et consommateurs sur les marchés mondiaux où les pays africains ont très peu d'influence. Il faut donc envisager de résoudre durablement ce dilemme.

Les premiers signes encourageants viennent du marché du cacao où la Côte d'Ivoire, 1$^{er}$ producteur mondial et le Ghana, 3$^{ème}$ producteur mondial de cacao, se battent pour que le prix d'achat du cacao se fixe à Abidjan en Côte d'Ivoire, au grand bonheur des paysans, producteurs africains de cacao.

Fustigé la parité fixe serait-elle exagérée ? Combien de pays utilisent ce modèle vis-à-vis du dollar US pour assurer la stabilité de leur monnaie ? La vraie question sous-jacente est le niveau de parité entre les deux monnaies. C'est une autre dimension du débat. Guillaumont Patrick et Guillaumont Jeanneney Sylviane (2017)[31] démontrent que « les francs CFA n'ont pas connu une dépréciation réelle de leur valeur par rapport à d'autres devises ». Bien avant, Abdih et Tsangarides (2006)[32] estiment que « même si les taux de change réels de l'UEMOA et de la CEMAC se sont appréciés légèrement plus que leurs niveaux d'équilibre estimés à long terme à la fin de 2005, les désalignements estimés n'étaient pas statistiquement significatifs. Cela suggère qu'à la fin de 2005, les taux de change effectifs réels de la CEMAC et de l'UEMOA étaient

---

[31] Guillaumont, Patrick ; Guillaumont Jeanneney Sylviane (2017) : « *Quel avenir pour les francs CFA ?* », FERDI DT N° P 188, pages 15, 16 et 17
« FEER for CFA Franc », No 2006/236, IMF Working Papers from, International Monetary Fund

[32] « FEER for CFA Franc », No 2006/236, IMF Working Papers from, International Monetary Fund

globalement conformes à leurs valeurs d'équilibre à long terme »[33].

Dans Baromètre économique de la CEMAC[34] (2024, vol. 6. page 7), publié par le Groupe de la Banque mondiale, le graphique 1 montre que le taux de change effectif réel des pays de la CEMAC a baissé en moyenne les derniers mois de 2023, reflétant ainsi la dépréciation du franc CFA par rapport au panier de devises des partenaires commerciaux. Ce qui contredit l'hypothèse d'une surévaluation permanente du franc CFA, souvent et constamment avancée par les pourfendeurs de cette monnaie.

[33] Further, in the context of the IMF's 2007 Article IV discussions, the analysis of Abdih and Tsangarides (2006) was extended for both the WAEMU and CEMAC EREERs up to 2006. That work concludes that in 2006 *also* the levels of the real effective exchange rates were in line with the estimated equilibrium real effective exchange rate paths, without any statistically significant misalignments.

[34] Le Baromètre économique de la Communauté Économique et Monétaire de l'Afrique Centrale (CEMAC) est une publication semestrielle de la Banque mondiale qui présente un aperçu des évolutions récentes et des perspectives économiques de la région, ainsi que des principales priorités de développement et de réforme dans la région, suivi d'un bref diagnostic de chacun des pays.

**Graphique 1 -** CEMAC : Real Effective USD-CFAF Exchange Rates, 2020-2024

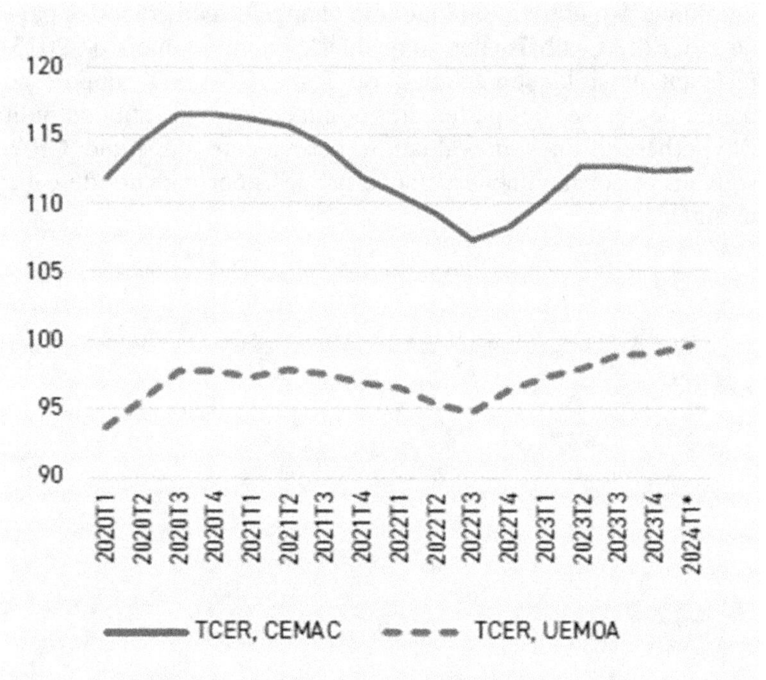


**Sources** : Groupe de la Banque mondiale : Baromètre économique de la CEMAC, (*Mai 2024, Vol. 6. Page 7*)

Que dire du même système monétaire moins connu voire moins critiqué : celui du Cap-Vert et de Sao Tomé-et-Principe. En effet, l'Escudo (CVE), la monnaie cap-verdienne, est arrimée, à une parité fixe, depuis 1975, à l'escudo portugais, puis à l'euro depuis le 1er janvier 1999, soit 1 EUR = 110,265 CVE. Cette monnaie bénéficie de la garantie de convertibilité du Portugal. Rappelons que le Cap-Vert vit essentiellement du tourisme (près de 25% du PIB)[35]. Le taux de change de l'euro vis-à-vis de l'Escudo est plus élevé que celui de l'euro vis-à-vis du franc CFA. Etrange !

En Afrique centrale, le Dobra (STN), monnaie de Sao Tomé-et-Principe est également arrimé à l'euro, suite à l'accord de libre-échange signé en 2004 avec la CEMAC. Le taux de change fixe est de : 1 EUR = 24,48 STN, avec la garantie du Portugal, soit une valeur monétaire plus élevée que celle du franc CFA, pour ce petit pays de 1001 km² qui produit le cacao et exploite le bois. Bizarre !

Et pourtant, les économistes définissent le taux de change comme le prix d'une monnaie vis-à-vis des autres devises. Les cas du Cap-Vert et de Sao Tomé-et-Principe ne viennent-ils pas dégonfler les arguments de l'économiste togolais Kako Nubukpo ?

Un autre aspect très important, le régime de change du franc CFA de l'UEMOA et de la CEMAC ne saurait garantir une souveraineté monétaire de chaque pays concerné. Puisqu'il s'agit d'une monnaie communautaire, le bénéfice économique est transféré à la communauté économique d'appartenance. Ce n'est donc pas une exclusivité du franc CFA ou un marqueur de plus de la domination française, mais un choix de solidarité des pays ayant le franc CFA en partage.

En tout état de cause, il n'y a pas meilleur régime de change, comme prétendent les différentes critiques adressées au franc CFA. Tout dépend de la politique monétaire à mettre en œuvre, eu égard aux objectifs de développement des pays concernés.

[35] Archipel, isolé, sans ressources naturelles et pauvre en eau douce, est largement dépendant de l'extérieur. Le PIB, environ 2,5 Mds USD en 2023, est dominé par le tourisme et le commerce des biens importés. Le secteur primaire (5% du PIB en 2022) est quasiment inexistant. Le secteur secondaire (19% du PIB) dont l'industrie est à la recherche de débouchés extérieurs pour des activités de sous-traitance. Le secteur tertiaire (76% du PIB) est tiré par le tourisme et les services financiers.

## La garantie de la convertibilité

Caractérisée d'illimitée et sans condition, la garantie de la convertibilité reste l'autre marqueur du franc CFA. Depuis, la création de cette monnaie, la France s'est engagée à fournir aux trois banques centrales : BCEAO pour l'UEMOA, BEAC pour la CEMAC et BCC pour l'Union des Comores, les réserves de change en cas de pénurie de devises pour garantir la stabilité des monnaies concernées et assurer le commerce international des pays bénéficiaires. Nous y reviendrons en évoquant les avantages et les inconvénients des pays africains concernés et la France.

Néanmoins, il est rarement évoqué que la garantie de la convertibilité reste possible du fait que les comptes d'opérations des trois Banques centrales, ouverts auprès du Trésor français, sont créditeurs en réserves de change. Car, en janvier 1994, la dévaluation du franc CFA se justifiait, entre autres, du fait que les comptes d'opérations étaient devenus débiteurs par la crise économique des années quatre-vingt-dix.

Les quatre éléments ou marqueurs, développés ci-dessus, forment un ensemble difficilement, mais possiblement modifiable. Ce qui rendrait possible les réformes à envisager.

## L'impression des billets de banque et la fabrique des pièces de monnaie à Chamalières en France

Comme la quasi-totalité des monnaies africaines, les billets de banque des francs CFA sont imprimés en France, précisément à l'imprimerie de la Banque de France de Chamalières[36], près de Clermont-Ferrand, dans le département de l'Auvergne, tout comme le franc comorien de l'Union des Comores et l'Ariary de Madagascar. D'autres pays africains

[36] Un déménagement à Vic-le-Comte était prévu à l'horizon 2024, mais le projet a pris du retard. Le site de Chamalières n'est plus adapté à une activité industrielle du XXI^ème^ siècle. Il y a des contraintes immobilières et des améliorations de sécurité qui sont difficiles à apporter sur le site de Chamalières.

impriment leurs monnaies en France, précisément chez Oberthur Fiduciaire SAS[37]. Il s'agit du Burundi (Franc burundais), la Namibie (Dollar namibien), la Zambie (Kwacha), Djibouti (Franc djiboutien) et la Tunisie (Dinar tunisien). (Voir Figure 2).

Au risque de désillusionner les partisans de la souveraineté monétaire, le Cédi ghanéen (GHS) est imprimé par la société anglaise De La Rue[38]. Cette imprimerie fabrique les monnaies d'une centaine de pays au monde dont plus de la moitié des monnaies africaines. Outre le Cédi, le Franc guinéen (GNF), le franc rwandais (RWF), l'Escudo cap-verdien (CVE), le Dalasi gambien (GMD), le Leone sierra-leonais (SLL), le Kwanza angolais (AOA), le Loti du Royaume du Lesotho (LSL), le Kwacha malawien (MWK), le Birr éthiopien (ETB), le Shilling ougandais (UEX), le Shilling tanzanien (TZS), le Shilling kényan (KES), le Pula botswanais (BWP), la Livre sud-soudanaise (SSP), le Dodra de Sao Tomé-et-Principe (STN), la Roupie mauricienne (MUR) ou la Roupie seychelloise (SCR), sont imprimés en Angleterre par De La Rue.

L'Ouguiya mauritanien (MRU), le Nakfa érythréen (ERN), le Shilling tanzanien (TZS), le Kwacha zambien (ZMW) ou le Lilangeni du Royaume d'Eswatini (SZL) sont fabriqués en Allemagne chez Giesecke et Devrient.

Le Dollar libérien (LRD) et le Shilling tanzanien (TZS) sont imprimés aux États-Unis d'Amérique par Crane Currency. Ainsi, on ironisait d'entendre feu Mouammar Kadhafi, le leader libyen assassiné en 2011, parler de souveraineté monétaire alors que lui-même avait toujours fait imprimer son dinar (LYD) chez De La Rue et chez Goznak en Russie.

Seuls neufs pays africains[39] possèdent leur propre capacité de production. Dans ce registre, la Banque centrale marocaine,

---

[37] Oberthur Fiduciaire, anciennement François-Charles Oberthur (FCO) est un groupe français spécialisé dans l'impression de documents sécurisés et de billets de banque dont le siège est au 7, avenue de Messine, Paris Cedex 08, France.

[38] Bank note printing facility, Debden, Essex, United Kingdom

[39] Algérie, Afrique du Sud, Egypte, Ghana, Kenya, Maroc, Nigeria, RD Congo, Soudan

qui produit actuellement ses dirhams dans son usine de Dar-as-Sikkah, ambitionne de pouvoir répondre aux appels d'offres internationaux.

Outre la France à travers ses usines de Chamalières et d'Oberthur Fiduciaire, le marché est dominé par De La Rue (Angleterre), Giesecke & Devrient (Allemagne), Crane Currency (États-Unis), ou encore Goznak (Russie). De La Rue a décidé d'investir à Nairobi, en annonçant en avril 2019 la création d'une joint-venture avec le gouvernement kényan[40]. Crane Currency a, de son côté, signé fin 2014 un accord de coopération avec Bank Al-Maghrib du Maroc.

Il en résulte que l'impression des billets de banque et la fabrication des pièces de monnaie dépendent de l'ingénierie technique et technologique, laquelle n'est pas forcément un rapport de domination, mais une affaire de savoir et de savoir-faire.

De la même manière, l'euro n'est pas fabriqué par les vingt pays membres de la zone euro : onze imprimeries dans l'Union Européenne sont ainsi chargées de la production de l'ensemble des billets et de la fabrique des pièces de monnaie.

Pour conclure, le concept de souveraineté brandi par les uns et autres est exagéré. La France dont on accuse n'est pas souveraine du point de vue monétaire. Il en est de même pour l'Allemagne, le plus grand pays industrialisé de l'Union européenne. La raison est strictement économique et monétaire. La France et les autres dix-neuf pays de l'Union européenne appartiennent à la zone euro qui est une union monétaire, ayant pour banque centrale, la Banque centrale européenne (BCE). De ce fait, la souveraineté monétaire ne saurait être l'apanage de ces pays européens. Cette souveraineté est transmise à l'Union européenne dont la politique monétaire est conduite par la BCE. En réalité, dans notre monde unipolaire, la souveraineté

[40] Under the terms of the agreement, the National Treasury of Kenya (the "Treasury") has taken a 40% stake in De La Rue's wholly owned subsidiary, De La Rue Kenya EPZ Limited. De La Rue will continue to operate and manage the business day to day and will appoint three of the five directors of the joint venture's Board.

monétaire est le privilège d'un seul pays : les États-Unis d'Amérique.

**Figure 1** - Pays et imprimeries des billets de banque et de fabrication des pièces de monnaies africaines

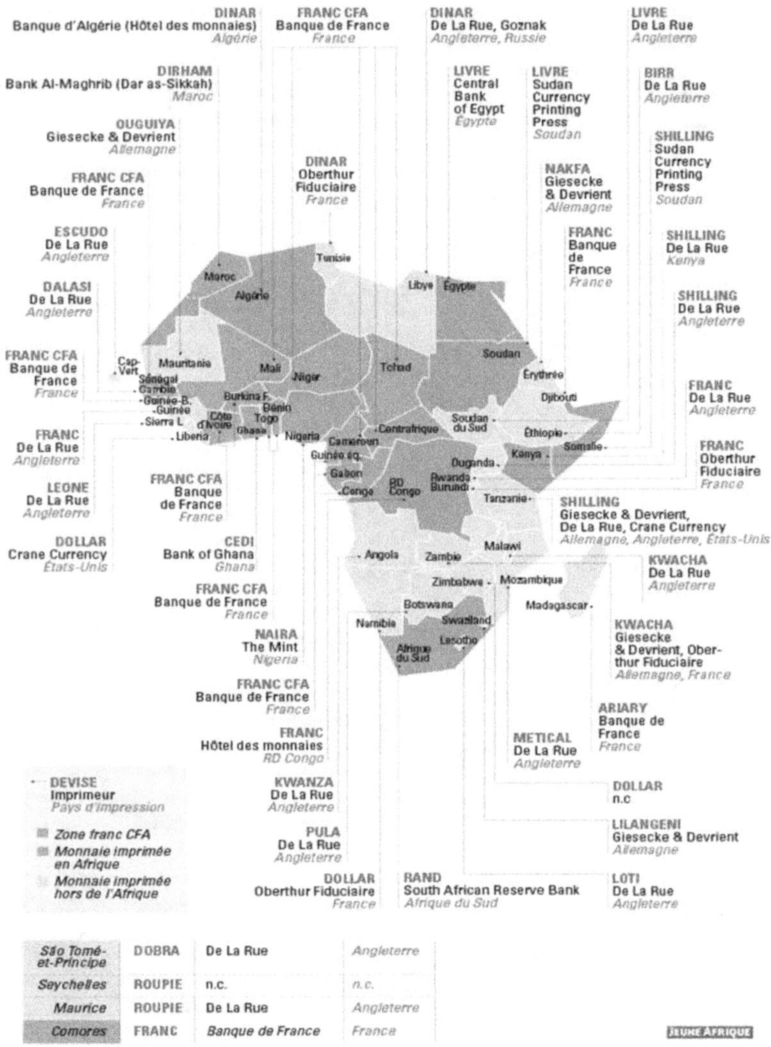


**Source** : Jeune Afrique (https://www.jeuneafrique.com/mag/367665/economie/impression-francs-cfa-fierte-lemporte-raison/)

## ....À la gestion des réserves en devises

L'autre symbole peu défendable du franc CFA reste la gestion des réserves en devises, imputée à la France. En effet, les accords de la Zone franc obligent la BEAC et autrefois la BCEAO à détenir chacune un *compte d'opérations rémunéré* auprès de la Direction générale du Trésor du Ministère des Finances de la République Française. Le compte d'opérations est l'instrument qui assure la convertibilité du franc CFA. Il est libellé en euros et l'obligation actuelle de dépôts est de 50 % des réserves extérieures des banques centrales. Qu'il soit créditeur ou débiteur, le fonctionnement du compte d'opérations est extrêmement complexe. En tout état de cause, les acteurs des pays de la CEMAC ne cessent de poser la question de l'utilité du compte d'opérations, dès lors que la réforme du franc CFA de l'UEMOA en a supprimé et que le franc CFA de l'UEMOA reste convertible en euro, après la réforme de 2019 ?

À cette question, Guillaumont P. et Guillaumont Jeanneney S. (2017) répondent que « le choix de maintenir ou de supprimer les comptes d'opérations doit résulter d'un choix africain ». Ils ajoutent en bas de page (44) : « l'idée que les dépôts en comptes d'opérations sont une source importante de réserves extérieures pour la France a toujours été une idée fausse, compte tenu de la disproportion entre les deux montants ; elle l'est évidemment depuis la création de l'euro. Ces comptes représentent un coût pour le Trésor français en raison de leur rémunération élevée pour un engagement à vue et de l'indexation sur le DTS ».

In fine, ce tabou du franc CFA n'a plus d'existence dans la zone UEMOA depuis la réforme de décembre 2019. La BCEAO ne dispose plus de compte d'opérations depuis janvier 2020. Ses réserves en devises lui ont été rétrocédées par la France et la BCEAO les a placées à nouveau hors du continent africain. On évoque la Banque d'Angleterre et la Banque nationale du Canada. Ce qui est certain est que la BCEAO a ouvert un compte auprès de la BRI à Bâle en Suisse. Tout comme l'Afrique du Sud, l'Algérie et le Maroc qui sont les trois pays africains membres de la BRI. Plus proche de nous, la Banque centrale du Ghana (Bank of Ghana) loge ses réserves en devises à la Banque fédérale de New York.

Néanmoins, l'importance des réserves en devises est un aspect fondamental de la gestion d'une monnaie. Un niveau de réserves en devises suffisant permet de défendre la valeur d'une monnaie et de disposer d'un instrument contracyclique indispensable à la politique économique.

# Les avantages et les inconvénients des francs CFA

Plusieurs considérations économiques, monétaires et politiques ont montré que tout système monétaire a des avantages et des inconvénients. De cette réalité, les pourfendeurs et les défenseurs des francs CFA ne s'entendront jamais. Les premiers sont persuadés que la légitimité de leur démarche est une quête de souveraineté politique, monétaire et économique, qui fait défaut au développement des pays concernés.

À contrario, les adeptes des francs CFA fondent leurs argumentations sur les expériences diverses et variées, vécues sur tous les continents, et à l'appui des statistiques mondiales, pour dire que, en matière de réformes monétaires, il y a eu plus d'échecs que de réussites. Le statu quo actuel des pays de la CEMAC ne saurait durer éternellement aussi bien pour la France qui assure la garantie de la convertibilité des franc CFA que pour les six pays de la Communauté, après quatre-vingt ans d'usage de cette monnaie.

## Et pourtant les avantages sont indéniables…

Cet aspect est analysé par rapport aux pays africains et par rapport à la France.

### Pour les pays africains

***La stabilité monétaire*** est l'un des grands avantages des francs CFA. Cette monnaie commune assure la stabilité des prix. L'inflation, qui érode la valeur d'une monnaie, est un phénomène contenu et contrôlé voire maîtrisé sur le long terme. Elle constitue un des critères de convergence. En effet, dans la zone CEMAC, le taux d'inflation doit être ≤ à 3%[41].

[41] *Cf. Annexe 9 et tableau 9 infra*

D'ailleurs, une abondante littérature montre les bienfaits à long terme de la stabilité monétaire pour la croissance et la réduction de la pauvreté. Guillaumont P. et Guillaumont Jeanneney S. (2017) démontrent qu'une « une inflation forte de surcroit instable est une source de variabilité du taux de change réel qui rend moins efficace l'allocation de ressources dans l'économie et réduit la croissance[42]. Elle nuit particulièrement aux pauvres qui ne disposent des moyens de s'en protéger ».

*La faible variation du taux de change sur le long terme* constitue également un avantage majeur. La faible variation du taux de change garantit le pouvoir d'achat aux populations dont la moitié vit en dessous du seuil de la pauvreté. Par le faible risque de change induit, cela favorise les investissements étrangers. Les investisseurs n'ont pas à s'inquiéter de fortes fluctuations de la monnaie qui entraineraient des dévaluations (à répétition).

De plus, les banques commerciales de la zone CFA sont rassurées de ne pas perdre en valeur réelle les prêts qu'ils accordent à leurs clients pour financer le développement. Si les Banques commerciales jouent véritablement leur rôle d'agents économiques, les économies de la zone se trouvent renforcées. C'est ce qui s'observe en Côte d'Ivoire depuis la gouvernance de l'actuel Président ivoirien.

Pour sa part, le Président ivoirien Alassane Ouattara, Ancien Directeur général du FMI (1994-1999), Ancien Gouverneur de la BCEAO (1988-1990), explique et justifie que « le franc CFA est arrimé à l'euro parce que les pays africains concernés sont des pays essentiellement agricoles. La Côte d'Ivoire, son pays, et le Ghana, sont respectivement 1^er^ et 3^ème^ producteurs mondiaux de cacao. Les principaux clients de ces pays agricoles sont les pays de l'Union Européenne, dont la monnaie commune est l'euro ». D'ailleurs, outre les Comores, les pays de l'UEMOA et de la CEMAC ne sont pas les seuls pays africains dont les monnaies sont arrimées à l'euro. Nous avons

---

[42] Cf. Guillaumont P., Guillaumont Jeanneney S. et Brun J-F. (1999) « How Instability Lowers African Growth" *Journal of African Economies*, vol. 8 (1), 1999, pp. 87-107

évoqué plus haut le Cap-Vert et Sao Tomé-et-Principe. Pour ce dernier pays, membre de la CEEAC, le dobra (STN), la monnaie, est arrimé à l'euro par une parité fixe, soit : 1 EUR = 24,48 STN. Rappelons tout de même que Sao Tomé-et-Principe est un ensemble des petites iles de 1001 km² qui produit du cacao et exploite le bois.

*La mutualisation des réserves de change* à travers les comptes d'opérations est aussi un atout majeur. S'approvisionner en devises pour échanger avec l'étranger est un véritable enjeu des économies mondialisées. La mutualisation des réserves de change est un système de répartition du risque au niveau communautaire, car elle permet aux pays concernés de disposer d'un instrument de répartition des réserves.

Autre avantage et non des moindres est que le système actuel du franc CFA est un système qui favorise ***l'intégration sous-régionale*** du fait de l'utilisation d'une monnaie commune. Toutefois, cet important avantage reste pour le moment limité, notamment par la faiblesse des échanges entre les pays de la zone, elle-même résultant de plusieurs facteurs endogènes et exogènes.

Aussi, le système actuel du franc CFA protège la monnaie des troubles politiques et sécuritaires. Quel qu'en soit l'ampleur et la durée des troubles politiques et sécuritaires (Côte d'Ivoire en 2010, Centrafrique en 2014, Mali en 2021), le franc CFA est toujours protégé ; il n'a jamais perdu sa valeur. On n'observe pas de dépression réelle du franc CFA par rapport à d'autres devises.

Malgré les troubles et autres formes de rejet ou de contestation du franc, dans la pratique, on observe au quotidien l'usage du franc CFA par les ménages, les épargnants et les investisseurs. La confiance est maintenue comme l'attestent les levées de fonds sur les marchés obligataires[43] par la Côte d'Ivoire en 2024, le Bénin en 2024, le Cameroun en 2023, 2018, 2016, 2014, 2013 et 2010. Alors que le reste de l'Afrique,

[43] Cote d'Ivoire (2,6 milliards de dollars US), Bénin (750 millions de dollars US), Cameroun (269,366 millions d'euros en 2023)

en plus de la crise économique, subit une crise monétaire plus violente. Grâce au franc CFA, les zones UEMOA et CEMAC sont protégées de la hausse du dollar qui déstabilise des pays comme le Nigéria, le Kenya, l'Éthiopie, la Zambie, le Ghana, etc.

Dans la pratique, l'utilisation des francs CFA reste de mise. En effet, les francs CFA ont moins souffert que d'autres monnaies des pays voisins telles que le Cedi du Ghana ou le Naira du Nigéria d'une dépréciation réelle de leur valeur. Les marchés financiers tout comme les populations africaines utilisatrices du CFA continuent de lui accorder une relative confiance tant comme intermédiaire aux échanges et unité de compte que comme réserve de valeur (Coéf. exemples du Cameroun, de la Côte d'Ivoire et du Bénin, *supra*).

Dois-je confirmer que les vertus des francs CFA s'observent particulièrement dans le cas de la Côte d'Ivoire. L'histoire récente de ce pays donne un argument solide en faveur du système CFA. Au lendemain de la crise ivoirienne, la stabilité que confère le franc CFA a permis au pays de limiter la détérioration de sa situation économique et de se relancer de plus belle. C'est dire que le franc CFA est ainsi l'une des monnaies les plus stables du continent.

## Pour la France

Le principal avantage pour la France porte sur la stabilité du franc CFA. En effet, la France n'a aucun intérêt à une instabilité monétaire des pays africains concernés. Elle n'a pas besoin d'une crise monétaire ou d'une dévaluation de ladite monnaie du fait qu'elle entretient des collaborations et des coopérations économiques et monétaires fructueuses avec les pays partenaires concernés. Le faible risque de change est avantageux pour la France et les autres partenaires économiques comme la Chine, premier partenaire de l'Afrique subsaharienne depuis les années 2020.

## … Mais aussi des inconvénients

On ne le dira jamais assez que chaque système monétaire a des avantages et des inconvénients. S'agissant des inconvénients des francs CFA, ils se distinguent aussi bien pour les pays africains que pour la France, leur partenaire.

### Pour les pays africains

L'un des handicaps du système CFA est la perte d'instrument discrétionnaire de politique monétaire au niveau national. En tant que monnaie communautaire, le franc CFA ne peut pas agir efficacement comme instrument contracyclique de la politique économique, capable d'amortir des chocs macroéconomiques : fluctuations des monnaies internationales, baisse drastique des prix des matières premières, changement climatique, lutte contre le terrorisme ou des grandes endémies, etc. Ainsi, la perte d'instrument discrétionnaire de politique macroéconomique qu'est la politique monétaire constitue une vulnérabilité. Cette possibilité est transférée à l'échelle communautaire (UEMOA et CEMAC) au détriment des États.

***L'arrimage du franc CFA à l'euro*** constituerait un autre handicap. Boubacar Sene (2024) démontre que c'est à partir de la dévaluation du franc CFA de 1994, que le taux de change actuel du franc CFA par rapport à l'euro a été déterminé.

Ainsi :

1 FRF = 100 FCFA et 1 ECU[44] = 6,55957 FRF (1)

Par une cotation croisée, nous obtenons :

1 EUR = 655,957 FCFA (2)

[44] European Currency Unit, qui avant l'adoption du nom Euro était l'Unité de compte européenne de la Communauté européenne. Créée en 1979, avec le Système monétaire européen (SME), dans le but de limiter les fluctuations des taux de change entre les pays membres de la CEE. L'ECU était un panier de valeurs et sa valeur plus stable que celle des monnaies qui le composaient.

Avec la création de l'euro, le 1er janvier 1999, le franc CFA, par une convention entre la France et la Banque centrale européenne (BCE), est arrimé à l'euro. *Une décision du Conseil européen, sur recommandation de la Commission et après avis de la BCE, est nécessaire pour tout changement de parité.*

En effet, le franc CFA, qui est une monnaie des pays en développement, est arrimé à une monnaie forte des vingt pays industrialisés de l'Europe Occidentale. Ce niveau de parité semblerait à fortiori surévalué pour les économies dont la structure ne cesse de changer depuis la dévaluation de 1994 par les politiques macroéconomiques entreprises. De ce fait, il est dit que le franc CFA ne favorise pas les exportations des pays concernés, mais plutôt encourage les pays africains à importer. En d'autres termes, l'arrimage du franc CFA à l'euro n'incite pas les entreprises exportatrices africaines à fournir des efforts de compétitivité, mais décourage la volonté de substitution aux importations par la production locale. Cette situation entretient les pays dans une forte dépendance pour ses intrants (principalement des biens intermédiaires en provenance de Chine et d'autres continents) et maintient une économie de rente des matières premières. Nubukpo (2019)[45] argumente dans le même sens, ainsi : « cette monnaie très forte nuit aussi aux exportations africaines et encourage les importations de produits manufacturés et agricoles étrangers, ruinant les efforts de développement industriels et agricoles de la zone. Il en conclut que « les pays de la zone sont ainsi maintenus dans une position d'exportateurs de matières premières et leurs recettes dépendent des cours des marchés mondiaux et du taux de change euro/dollar ».

[45] « L'Urgence africaine, changeons le modèle de croissance ! » (2019), Chapitre 6 : le franc CFA : les derniers jours d'un condamné, page 120, Edition Odile Jacob

## …ur la France

… pour la France réside du fait de la … exercée par le Trésor français. En … agée à fournir aux pays africains … change nécessaires pour leurs … extérieures, en cas de pénurie de devises. Deux cas de figures sont à distinguer :

1. si la France se soustrait de cet engagement, elle sera tenue responsable d'une crise systémique voire d'un marasme économique que subiront les pays africains concernés dont elle a des liens historiques de coopération.
2. si la France continue à le faire indéfiniment, elle est tenue politiquement responsable vis-à-vis du contribuable français.

Dans les deux cas, la situation est difficilement tenable à long terme pour la France.

En dépit des avantages indéniables et des inconvénients des francs CFA, les Chefs d'État de l'UEMOA ont mandaté leur homologue ivoirien, ancien gouverneur de la Banque centrale des États de l'Afrique de l'Ouest (BCEAO)[46], à conduire la réforme du franc de la Communauté Financière Africaine (XOF).

---

[46] Monsieur Alassane Ouattara était gouverneur de la BCEAO du 28 octobre 1988 au 6 novembre 1990.

# La réforme du franc CFA : le modèle UEMOA

La coopération monétaire entre la France et l'UEMOA s'exerçait dans le cadre d'un accord datant de 1973. Le 3 décembre 2017, les Chefs d'État des pays de l'UEMOA ont mandaté le Président Alassane Ouattara de Côte d'Ivoire à mener les négociations avec la France pour la transformation du franc CFA de l'UEMOA. C'est donc à la demande des pays africains que la réforme du franc CFA est devenue nécessaire, pour moderniser la coopération vis-à-vis de la France. D'ailleurs cette nécessité de réforme a été justifiée par le Président de la République française, Monsieur Émmanuel Macron, dans un entretien avec le magazine Jeune Afrique en novembre 2020. La réforme du CFA s'inscrit dans le prolongement de son discours à l'Université d'Ouagadougou de novembre 2017. Elle a été rappelée lors du Nouveau Sommet Afrique-France d'octobre 2021.

Les discussions, entre les parties prenantes initiées déjà depuis plusieurs années, ont abouti à la signature, le 21 décembre 2019, en marge de la visite officielle du Président Macron en Côte d'Ivoire, d'un nouvel accord de coopération monétaire entre la France et l'UEMOA.

La réforme porte sur les quatre principaux piliers suivants :

1. ***Le changement de nom de la devise*** : les autorités de l'UEMOA ont indiqué leur souhait de changer le nom de « franc CFA » (XOF) à « ECO ». En réalité le projet d'une monnaie commune appelée ECO date de près de 30 ans pour les pays de la CEDEAO. Le socle de l'ECO est le franc CFA réformé en attendant son adoption par l'ensemble des quinze pays de la CEDEAO.
2. ***La suppression de l'obligation de centralisation des réserves de change*** du compte d'opérations auprès du Trésor français. En effet, la BCEAO ne dispose plus de compte d'opérations auprès du Trésor français depuis janvier 2020. Ainsi la Banque centrale des pays d'Afrique de l'Union monétaire ouest-africaine

(UMOA) gère la totalité de ses réserves en devises et les place où elle veut[47], notamment à la Banque des règlements internationaux (Bâle en Suisse) Banque d'Angleterre, à la Banque du Canada ou auprès d'autres banques centrales partenaires dans le monde.

3. ***Le retrait de la France des instances de gouvernance de l'UEMOA et de la BCEAO.*** La garantie de convertibilité des francs CFA était assujettie à la présence française dans les instances gouvernantes de l'UEMOA et de la CEMAC, et aussi à la BCEAO et à la BEAC. Depuis la mise en vigueur de la réforme du franc CFA de l'UEMOA de décembre 2019, les administrateurs français ne siègent plus au Conseil d'Administration de la BCEAO, au Comité de politique monétaire et à la Commission bancaire des pays de l'UEMOA. Formellement, les réunions semestrielles des ministres des finances et des gouverneurs des Banques centrales de la Zone franc ne se tiennent plus de manière conventionnelle. Cela traduit de fait la disparition systématique de la Zone franc.
4. ***La mise en place de mécanismes ad hoc de dialogue et de suivi des risques*** (le Reporting).
5. ***Le régime de change reste maintenu***, avec le maintien de la parité fixe entre le franc CFA et la devise de l'Union européenne (1 EUR = 655,957 XOF). De même que la garantie de convertibilité illimitée du franc CFA est assurée par la France.

L'accord du 21 décembre 2019 est complété par une convention de garantie, texte d'application de l'accord signé avec la BCEAO.

[47] Le retrait des réserves de change du Trésor Français à fait perdre à la BCEAO et l'UEMOA environ 60 milliards par an, incluant les intérêts que versait la France.

## Pourquoi la réforme du franc CFA de l'UEMOA a maintenu le régime de change et la convertibilité illimitée de la monnaie réformée ?

Cette question a tout son sens dès lors qu'il a toujours été dit que la convertibilité du franc CFA est assurée par l'existence des comptes d'opération des Banques centrales auprès du Trésor français. Dans le cas de l'UEMOA, le compte d'opérations de la BCEAO n'existe plus depuis janvier 2020.

De plus, la convertibilité garantie s'entendait comme une convertibilité à un taux de change fixe. Ceci ne veut pas dire que le taux ne peut pas être modifié, comme la dévaluation de janvier 1994 l'a montré. Mais le principe reste, celui de la stabilité du taux de change en zone UEMOA. Ce principe a conduit à une remarquable stabilité monétaire. En garantissant la fixité du taux de change, certainement l'accord de décembre 2019 renforce la crédibilité de la politique de stabilité monétaire et par là même son efficacité, ainsi que le statut d'indépendance de la BCEAO.

Bien que la réforme du franc CFA de l'UEMOA soit effective depuis janvier 2020, nous l'avons mentionné plus haut que le système CFA n'est pas un cas unique en Afrique de l'Ouest. Au Cap-Vert[48], la parité entre l'Escudo cap-verdien et l'euro est fixe[49]. Cette monnaie est arrimée à la devise européenne dont le Portugal assure la garantie de convertibilité.

[48] Depuis 1975, l'Escudo est arrimé à parité fixe à la monnaie du Portugal, l'escudo portugais. Avec la dépréciation de la monnaie portugaise des années 1980, un accord est trouvé avec Lisbonne en 1998, pour maintenir le cours à 1 escudo portugais pour 0,55 escudo cap-verdien. En 1999, l'euro prend le relais. Le taux de change est fixé à 110,265 escudos pour un euro. Le CVE est à change fixe et non exportable.

[49] Soit : 1 EUR = 110,265 CVE

## Où en est le projet Eco ?

L'Eco est un projet de création d'une monnaie commune pour les quinze États membres de la CEDEAO[50]. Ce projet date de 1994, année de la dévaluation du franc CFA.

Il est à rappeler que les Chefs d'État des pays membres de l'UEMOA ont confié au Président Alassane Ouattara de Côte d'Ivoire, le 03 décembre 2017, le pouvoir de négocier en leur nom la transformation de franc CFA en vue d'aller vers l'Eco. La réforme du franc CFA des huit pays de l'UEMOA du 21 décembre 2019 est donc le prélude à la nouvelle monnaie commune qui s'appellera Eco et qui, à terme, aura cours légal et pouvoir libératoire dans l'ensemble des quinze pays de la CEDEAO.

Or, pour avoir une monnaie commune stable, signe de vitalité économique, les pays utilisateurs doivent disposer de réserves de change en quantité suffisante pour assurer la stabilité de la nouvelle monnaie. Il faut donc un système de mutualisation de réserves de changes pour porter les économies des pays à faibles exportations. Le Nigéria est le premier producteur de pétrole du continent, donc le plus grand pourvoyeur de réserves de change, devant la Côte d'Ivoire et le Ghana, premier et deuxième producteurs mondiaux de cacao, face aux pays importateurs de pétrole de la zone CEDEAO. Le géant africain qu'est le Nigeria ne trouve aucun intérêt à sacrifier son instrument contracyclique qu'est le Naira (NGN), sa monnaie nationale, au profit d'une monnaie commune, l'Eco, qu'il partagera ses réserves de change avec les autres pays de la Communauté. D'où le gel du projet pour 2027. Le projet Eco est ainsi subtilement retardé par le Nigéria qui n'a aucun intérêt à partager ses réserves de change avec les autres pays de la communauté, non producteurs de pétrole comme lui. Pis, les

---

[50] Créée le 28 mai 1975, la Communauté économique des États de l'Afrique de l'Ouest (CEDEAO) compte quinze États membres, soit huit (08) États francophones : Bénin, Burkina Faso, Côte d'Ivoire, Guinée, Mali, Niger, Sénégal et Togo ; cinq (05) pays anglophones : Gambie, Ghana, Liberia, Nigeria et Sierra Leone ; deux (02) États lusophones : Cap-Vert et Guinée-Bissau.

autres pays de la CEDEAO n'ont pas avantage à se lier à un pays incapable d'assurer la stabilité de sa monnaie.

À la première conférence au sommet des Chefs d'État de l'Accord de Partenariat stratégique entre la République de Côte d'Ivoire et la République du Ghana, (Abidjan, 11 octobre 2024), le Président Alassane Ouattara de Côte d'Ivoire déclarait : « Au niveau économique, le volume de nos échanges commerciaux est relativement faible et ne reflète ni le potentiel de nos pays, ni le niveau de nos ambitions. Il est donc indispensable de mettre en place des politiques favorables à un environnement économique et commercial attractif. Dans ce contexte, nos deux pays doivent œuvrer conjointement, et en relation avec les autres pays de la région, pour une accélération des réformes et la mise en œuvre des politiques de convergence, en vue de renforcer notre coopération monétaire et financière. Ceci permettra l'avènement de l'Eco, la monnaie unique que les populations d'Afrique de l'Ouest attendent depuis fort longtemps ».

Les propos du Président Ouattara viennent confirmer que la réforme du franc CFA de l'UEMOA de décembre 2019 n'est qu'une étape transitoire vers une monnaie unique des quinze pays de la CEDEAO[51]. Emilie Laffiteau (2023) affirme que : « cette étape s'inscrit comme une transition vers le remplacement du franc CFA par le futur Eco, projet dont les quinze pays membres discutent depuis près de trente ans. L'objectif serait ainsi, dans un premier temps, de basculer vers l'Eco dans les huit pays de l'UEMOA, puis d'accueillir, sous conditions de critères de convergence macroéconomique, les sept pays anglophones (cinq)[52] et deux pays lusophones[53]) dans un régime de change flexible (et de sortir ainsi de la parité fixe avec l'euro) ».

Pour ce faire, les critères macroéconomiques de convergence de l'Eco sont connus, soit un déficit budgétaire inférieur à 3%

[51] Le Burkina Faso, le Mali et le Niger se sont exclus de la CEDEAO depuis 2023 en créant l'AES.

[52] Gambie, Ghana, Liberia, Nigeria et Sierra Leone

[53] Cap-Vert et Guinée-Bissau. L'Escudo Capverdien est arrimé à l'Euro avec la garantie du Portugal.

du produit intérieur brut (PIB), une inflation plafonnée à 10 %, un niveau d'endettement inférieur à 70 % du PIB, pour une période de trois années consécutives. De plus, les pays candidats à l'union monétaire de la CEDEAO devraient ratifier et mettre en œuvre les textes et les cadres juridiques spécifiquement élaborés, en participant au mécanisme de change pendant au moins deux ans, sans sortir de la bande de fluctuation de 10 %. Au-delà du pacte de stabilité et de la convergence macroéconomique, un groupe d'experts des banques centrales est mandaté à évaluer le coût de l'opérationnalisation des institutions nécessaires au lancement de l'Eco, à l'instar de l'acquisition des infrastructures des technologies de l'information et de la communication, des équipements et des infrastructures logistiques de la Banque Centrale de l'Afrique de l'Ouest (BCAO, la future Banque centrale de la CEDEAO), ainsi que le coût relatif à la couverture des charges de son haut management et de son personnel, y compris également le coût des opérations de démarrage. Aussi, plusieurs autres questions restent en suspens, notamment : le choix du régime de change (fixité ou flottement de l'Eco ?), Comment sera organisé la gouvernance du système ? Quelle instance décidera de la politique monétaire commune ? Quel pays abritera le siège de la banque centrale régionale ? Où sera imprimé les billets de banque et fabriqué les pièces de monnaies (le Nigéria avec *the MINT* et le Ghana avec *Bank of Ghana* le font dans leur pays respectif). Avec la sortie officielle des trois pays de l'Alliance des États du Sahel de la CEDEAO (Burkina Faso, Mali, Niger), le projet Eco n'est pas suffisamment avancé. Visiblement, l'échéance de mise en œuvre, fixée en 2027, sera impossible à tenir.

Quant est-il du franc de la Coopération Financière en Afrique centrale (XAF) dont la réforme tant attendue n'a pas été décidée par les Chefs d'État de la CEMAC au Sommet de Yaoundé du 17 mars 2023 ?

# Comment réformer le franc CFA de la Communauté Économique et Monétaire de l'Afrique centrale ?

Après l'Union Économique et Monétaire Ouest Africaine et accessoirement la Banque centrale des États de l'Afrique de l'Ouest, le XV$^{ème}$ Sommet des Chefs d'État de la Communauté Économique et Monétaire de l'Afrique centrale, qui s'est tenu à Yaoundé au Cameroun, le 17 mars 2023, devait statuer sur l'avenir du franc CFA, monnaie commune utilisée par les six pays de l'Afrique centrale. La réforme du franc CFA était très attendue, attendue par les épargnants, les investisseurs, les opérateurs économiques, les populations et les autres différents acteurs de tout bord, à l'instar des activistes et influenceurs, soi-disant panafricanistes. La montagne n'a pas accouché la souris tant attendue...

## Évolution récente

C'est depuis la réforme du franc CFA de l'UEMOA de 2019 que les dirigeants politiques et les responsables des institutions communautaires de la CEMAC et de la CEEAC s'activent patiemment. Chemin faisant, le 28 décembre 2019, le Président de la Guinée Équatoriale, Son Excellence Monsieur Teodoro Obiang Nguema, s'est rendu à Abidjan en Côte d'Ivoire, pour rencontrer son homologue Alassane Ouattara aux fins d'échanger sur « *la (récente) décision de l'UEMOA d'adopter l'Eco comme future monnaie* ». Le Président équato-guinéen, qui juge le franc CFA « obsolète », souhaite voir s'appliquer la même réforme en zone CEMAC. Aussi, les Chefs d'État de la CEMAC désirent faire évoluer leur système monétaire, comme l'a déclaré l'ancien Président de la CEMAC, le Professeur

Daniel Ona Ondo[54] : « notre partenaire, la France, est disposé à une réforme ambitieuse du franc CFA ».

En janvier 2020, d'après la BBC, la radio internationale britannique, plusieurs personnalités de la sous-région Afrique centrale sont à pied d'œuvre pour réformer le franc CFA de la CEMAC, comme cela a été le cas à l'UEMOA. Une ambition plus poussée des principaux acteurs oriente la création de la nouvelle monnaie à plus de diversification des économies de la Communauté pour être à la hauteur des nouveaux défis.

En février 2020, au cours de leur entrevue, l'ex-président gabonais, Monsieur Ali Bongo Ondimba[55] et Daniel Ona Ondo échangent longuement sur les décisions prises lors du XV$^{ème}$ Sommet des Chefs d'État du 17 mars 2023 de Yaoundé, marquée par « la volonté des Chefs d'État à plus d'intégration ». Le porte-parole de la Conférence a déclaré que les réformes engagées sont en bonne voie et les leaders de la CEMAC étudient un schéma approprié quant à l'avenir du franc CFA.

En mai 2022, la République Centrafricaine annonce l'adoption du bitcoin comme seconde monnaie officielle, ravivant ainsi le débat sur le franc CFA, bien que le projet de bitcoin soit finalement abandonné.

En août 2022, à la suite du projet de fusion de la Communauté économique des États de l'Afrique centrale (CEEAC) et la Communauté économique et monétaire de l'Afrique centrale, les autorités de la CEMAC pensent qu'elles sont mieux outillées en matière de stabilité monétaire pour guider les sept autres pays de la CEEAC. En d'autres termes, la CEMAC, auréolée d'une riche et longue expérience de gestion d'une monnaie stable, le franc CFA, souhaiterait créer une nouvelle monnaie qui, à terme, aura libre cours et pouvoir libératoire dans les onze pays membres de la CEEAC.

En décembre 2022, les chefs d'État de la CEMAC se retrouvent à Yaoundé au Cameroun pour décider de l'avenir du

[54] Daniel Ona Ondo est Économiste, Professeur des Universités et des Grandes Écoles, Ancien président de la CEMAC (2017-2023), Ancien Premier Ministre du Gabon (2014-2016)

[55] Ancien Président de la République Gabonaise (2009-2023)

franc CFA. Le même mois, plus précisément le 15 décembre 2022, l'Institut d'émission qu'est la Banque centrale des États de l'Afrique centrale met en circulation de nouveaux billets de banque[56] (*Voir Annexe 6 infra*), conformément à la décision du 7 novembre 2022 prise à Douala par le Comité Ministériel de l'Union monétaire de l'Afrique centrale. Malgré la mise en circulation des nouveaux billets, les anciens billets de la gamme 2002 continuent de circuler.

Le 17 mars 2023, les chefs d'État d'Afrique centrale se réunissent pour la XVème Conférence des pays de la Communauté économique et monétaire de l'Afrique centrale. Sur la base d'une étude menée par la présidence de la CEMAC, il est préconisé : (1) le changement de nom de la monnaie, (2) le retrait progressif des représentants français au sein des organes de décision et de contrôle de la Banque centrale, (3) la clôture du compte d'opérations, ouvert dans les livres de la Banque de France et (4) la mise à la disposition de la Banque centrale régionale les réserves internationales de la CEMAC, déposées dans le compte d'opérations, ouvert par la BEAC auprès du Trésor français.

Ces propositions n'ont jamais été mises en œuvre. Les Ministres des Finances et ceux de l'Économie de la CEMAC ont estimé n'avoir pas été associés à la réflexion de la présidence de la CEMAC. Depuis lors, les instances ministérielles se sont réunies plusieurs fois, sans avancée majeure.

En dépit de ces multiples contre temps, des hésitations irraisonnées et de la frilosité ambiante, il faut bien évidemment avancer c'est-à-dire réformer le franc CFA de la zone CEMAC. C'est aussi l'un des mandats confié à la nouvelle équipe de la

[56] La gamme de billets 2020 met en exergue les langues officielles des pays de la zone (Français, Anglais, Arabe et Espagnol) en les déclinant dans l'inscription « Banque des États de l'Afrique Centrale » et dans la valeur faciale des billets. De plus, il était devenu indispensable pour la BEAC de se mettre régulièrement au diapason des dernières innovations technologiques en matière de fabrication des billets afin d'éviter d'exposer ses signes monétaires aux faussaires.

présidence de la CEMAC, élue au Sommet de Yaoundé de mars 2023.

## Une démarche envisageable pour les pays membres de la CEMAC

Disposant des mêmes institutions de gestion monétaire, à première vue, on serait tenté, par mimétisme, de calquer la réforme du franc CFA de la CEMAC sur celle qui s'est faite en décembre 2019 dans l'UEMOA. C'est dans ce contexte que le Président équato-guinéen, Son Excellence Monsieur Theodoro Obiang Nguema s'était rendu à Abidjan en Côte d'Ivoire le 28 décembre 2019, pour s'enquérir auprès de son homologue Alassane Ouattara, de la démarche de l'UEMOA d'adopter l'Eco comme future monnaie, eu égard à la grande disparité des économies et la grande diversité des partenaires commerciaux des pays des deux zones monétaires.

Il va sans dire que la CEMAC, avec la future monnaie commune des six pays de l'Afrique centrale, devrait intégrer, dans un proche avenir, un ensemble plus vaste que constitue la Communauté Économique des États de l'Afrique Centrale (CEEAC)[57] et dont les cinq autres pays utilisent chacun, soit sa propre monnaie[58], soit sa monnaie et une monnaie de refuge[59]. Cette complexité exclut tout mimétisme, encore moins le plaquage du modèle ouest-africain stricto sensu.

Néanmoins, pour asseoir la crédibilité de la future monnaie qui devrait se substituer au franc CFA de la CEMAC, au-delà des fondamentaux ayant marqués la réforme du franc CFA de

---

[57] La Communauté économique des États de l'Afrique centrale (CEEAC) est une organisation internationale créée le 18 octobre 1983 pour le développement économique, social et culturel des onze (11) pays de l'Afrique centrale (Angola, Burundi, Cameroun, Centrafrique, République du Congo, Gabon, Guinée Equatoriale, République Démocratique du Congo, Rwanda, Tchad, Sao Tomé-et-Principe).

[58] Burundi (Franc burundais), Rwanda (Franc rwandais), Sao Tomé-et-Principe (Dobra)

[59] Angola (Kwanza et Yuan chinois), République Démocratique du Congo (Franc congolais et Dollar américain)

l'Afrique de l'Ouest, il y a lieu de satisfaire à deux importantes formalités : (1) disposer des institutions nationales et communautaires solides et (2) avoir un niveau suffisant de réserves de change. Tout en veillant d'apporter des solutions optimales à ce que l'économiste français Dominique Strauss-Khan appelle « les symboles non défendables » du franc CFA.

## Des institutions nationales et communautaires solides

Il est observé dans la plupart des pays où les reformes monétaires ont merveilleusement abouti que ces pays disposaient des institutions fortes. La solidité des institutions au plan national ou communautaire protège la monnaie contre les troubles politiques (Centrafrique, Côte d'Ivoire) et sécuritaires (Burkina Faso, Mali, Niger). En même temps qu'elle protège les populations contre les fortes fluctuations de la monnaie qui pourrait éroder leur pouvoir d'achat. En effet, le système monétaire de la nouvelle monnaie doit protéger celle-ci aux fins de garantir aux utilisateurs le même pouvoir d'achat, notamment les épargnants, les investisseurs et les 45 millions d'êtres humains dont près de 70 % vivent avec moins de 6,85 dollar US, comme l'atteste le graphique 2, ci-dessous. En effet, la pauvreté est plus endémique en République Centrafricaine avec près de 70 % de la population vivant avec moins de 2,15 dollar US par jour, comme le montre le graphique 3.

Au niveau communautaire, la CEMAC compte plusieurs institutions. Il s'agit de :

1. l'Union monétaire de l'Afrique centrale (UMAC) ;
2. l'Union économique de l'Afrique centrale (UEAC) ;
3. la Conférence des Chefs d'État, chargée de définir la politique de la Communauté et d'orienter l'action de l'UEAC et de l'UMAC ;
4. le Conseil des ministres qui assure la direction de l'UEAC ;

5. la Commission économique et monétaire de l'Afrique centrale (CEMAC), organe exécutif de la communauté, siégeant à Bangui[60] en République Centrafricaine ;
6. la Banque des États de l'Afrique centrale (BEAC), siégeant à Yaoundé (Cameroun), définit et conduit la politique monétaire ;
7. la Banque de Développement des États de l'Afrique centrale (BDEAC), siégeant à Brazzaville (Congo), assure le financement du développement ;
8. la Cour de Justice de la Communauté, installée à N'Djaména au Tchad ;
9. la Commission de surveillance du marché financier de l'Afrique centrale (COSUMAF), siégeant à Libreville au Gabon.

Au quotidien, la CEMAC elle-même est dirigée par son Président, le personnel désigné par les instances et les fonctionnaires communautaires. Ces personnels sont choisis pour leurs compétences et pour leur probité. Toutes ces institutions devraient assurer le bon fonctionnement et garantir l'harmonisation des politiques communautaires au profit des populations de la sous-région.

Ainsi, dotée de telles institutions, il est légitime de se demander pourquoi les pays de la CEMAC ne sont pas des îlots de prospérité pour ses peuples ? On pourrait en formuler autrement : pourquoi certains pays réussissent mieux que d'autres ? Cette question vient de faire la une lors de l'attribution, le 10 octobre 2024, du Prix Nobel d'Économie 2024.

Le 10 décembre 2024, à l'Hôtel de ville d'Oslo en Norvège, le Prix Nobel d'Économie 2024 est décerné à l'économiste américano-turc Daron Acemoğlu (57 ans) de Massachusetts Institute of Technology (MIT), au politologue Britanno-américain James A. Robinson (64 ans) et à Simon Johnson (61 ans) de l'Université Harvard, pour leurs travaux de recherches

[60] Provisoirement transféré à Malabo en Guinée Équatoriale depuis 2018, le siège de la CEMAC est revenu à Bangui en République Centrafricaine, depuis 2020.

portant sur les différences de prospérité entre les Nations. Pourquoi certains pays réussissent mieux que d'autres ? La réponse découle des travaux des Prix Nobel d'économie 2024 : « c'est la manière dont les institutions, sur le long terme, facilitent ou entravent la croissance économique ». On se rappelle que le Président américain Barack Obama l'avait déjà dit dans son discours devant les dirigeants de l'Union africaine (Addis-Abéba, 2015) « qu'il faut à l'Afrique des institutions fortes[61] ».

Au niveau national, les pays membres de la CEMAC ne sont pas des exemples. Avec les richesses du sous-sol, les élites au pouvoir sont souvent indexées, à tort ou à raison, pour les délits de biens mal acquis. De ce point de vue, nous avons connu des procès retentissants. D'autres sont en cours hors de la CEMAC. C'est de ce constat et bien d'autres que le Docteur Jean-Luc Stalon[62], Représentant résident du PNUD au Cameroun en 2020, a réalisé une importante étude sous le titre de « la croissance élitiste ». En effet, Jean-Luc Stalon (2020) définit la croissance élitiste comme « un phénomène caractérisé par la capture des richesses par les élites au pouvoir. Cette réalité très ancrée en Afrique provoque des fractures sociales et des soulèvements multiples, facteurs d'exacerbation de la violence et de reconfiguration de la géographie de la colère sociale dans le monde. Le phénomène élitiste constitue un indicateur de l'ancrage des frustrations et du choc inégalitaire dans un univers où les élites développent une idéologie capitaliste centrée sur l'accumulation des richesses à tout prix ». Nul doute que ces phénomènes pourraient affecter gravement la future monnaie.

---

[61] Tournée africaine du Président américain en Éthiopie du 26 au 28 juillet 2015

[62] Jean-Luc Stalon est Docteur en Sciences politiques, auteur de La croissance élitiste : proposition d'un nouvel indice sur les inégalités, parue dans Tribune du 8 décembre 2020.

**Graphique 2** - Personnes vivant dans la pauvreté en zone CEMAC (% pop. totale), 2021-2025

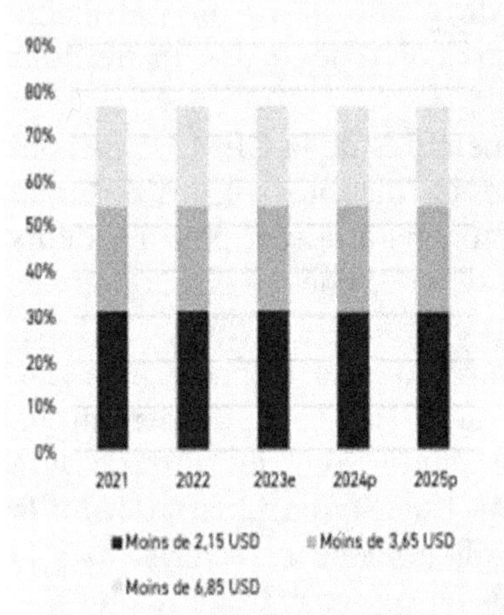


**Graphique 3** - Taux de pauvreté en zone CEMAC, 2019-2025

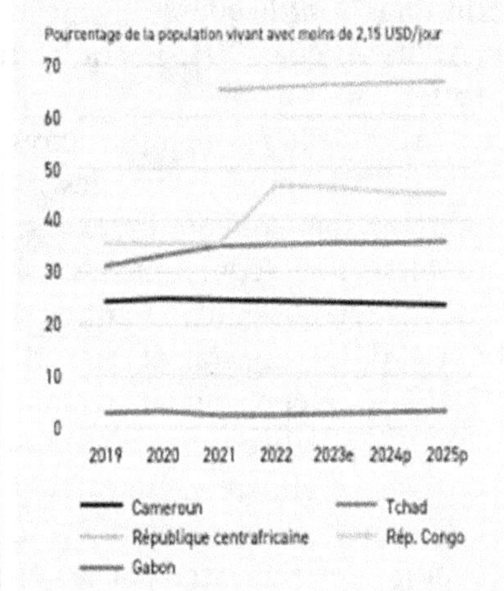


**Sources** : Autorités nationales, Bruegel et calculs du personnel de la Banque mondiale.
Remarques : Les données sur la pauvreté ne sont pas disponibles pour tous les pays et toutes les périodes, et elles sont basées sur des estimations rapides et des prévisions fondées sur des données réelles issues des enquêtes nationales auprès des ménages pour le Cameroun (2014), la République centrafricaine (2021), le Tchad (2018), le Congo (2011) et le Gabon (2017). Les projections concernant le Gabon ont été établies avant le coup d'État d'août 2023.

À l'échelle inférieure, les fonctionnaires nationaux de la plupart des pays membres de la CEMAC ont privatisé l'État et les services publics. La corruption gangrène les services publics. Des agents véreux transforment ce qui devait être gratuit en services payants, obligeant les citoyens à mettre la main dans la poche pour accéder à leurs droits. C'est le règne de l'argent qui, malheureusement, ouvre les portes aux services publics, en dépit de plusieurs institutions nationales et sous-régionales de lutte contre la corruption. C'est faire la preuve que les institutions nationales votées par les parlements et mis en œuvre restent poreuses. Comment donc envisager une monnaie qui ne sera pas l'otage des systèmes mafieux, une monnaie précaire dont la stabilité sera impossible à assurer ?

## Une gestion optimale des réserves internationales

L'un des principes fondamentaux de la CEMAC réside dans la mise en commun des réserves internationales des pays membres à la Banque centrale régionale (BEAC). Par les accords de coopération avec la France, une partie des réserves internationales de la CEMAC est gérée dans un compte ouvert dans les livres du Trésor français par la Banque centrale régionale (BEAC). Il s'agit du « Compte d'Opérations » (*voir supra*). Toutefois, une portion conséquente des réserves internationales, notamment des actifs en devises de ces pays est détenue hors de la zone CEMAC pour des raisons diverses[63].

Le compte d'opérations est l'instrument par lequel est assurée la convertibilité du franc CFA. Il est libellé en euros et l'obligation actuelle de dépôts est de 50 % des réserves extérieures des banques centrales. Le fonctionnement du compte d'opérations est extrêmement complexe, qu'il soit créditeur ou débiteur. Guillaumont Patrick et Guillaumont Jeanneney Sylviane (2017) expliquent le fonctionnement subtil des comptes d'opérations des banques centrales de la Zone franc. En effet, « la rémunération des comptes d'opérations créditeurs est avantageuse et asymétrique par rapport au taux d'intérêt appliqué en cas de débit : soit pour un compte créditeur, taux de la facilité marginale de la BCE (sur-

[63] (1) la nécessité de satisfaire aux obligations de dépôt dans les fonds de contrepartie imposées par certains partenaires pour le développement afin de garantir leur financement, (2) le souhait de conserver la pleine propriété et un contrôle total, (3) la volonté d'obtenir de meilleurs rendements qu'avec les dépôts à la BEAC, (4) les inquiétudes concernant la gouvernance de la BEAC et les pertes qu'elle a essuyées par le passé, (5) les inquiétudes concernant une éventuelle dévaluation de la monnaie, (6) inquiétudes autour du problème des opportunités.

rémunération en général de 100 points de base par rapport au taux de l'open-market, qui est le taux directeur central de la politique monétaire) dans la limite des 50%, avec, depuis 2015, un taux plancher et pour un compte débiteur, taux de 1%, puis de 2 %, puis taux du marché monétaire euro ». Il existe, d'autre part depuis 1974, une garantie de change vis-à-vis du DTS, là encore asymétrique, sur le solde créditeur (maintenant dans la limite des dépôts obligatoires).

Les obligations formelles ont été très assouplies. On peut les résumer ainsi : si le rapport des avoirs extérieurs nets sur les engagements à moins d'un an de la Banque centrale devient inférieur à 20%, les banques centrales doivent élever les taux directeurs et abaisser des plafonds de refinancement des banques commerciales. Si le compte d'opérations devient débiteur, la politique restrictive doit être renforcée. A la BEAC, les mesures restrictives, de caractère automatique, sont précisées, la baisse des plafonds de refinancement devant être de 20 % pour les États débiteurs en compte d'opérations et de 10 % pour les États restant créditeurs, mais dont le pourcentage des avoirs extérieurs par rapport aux engagements à vue de la Banque centrale est inférieur à 15% (Art. 11.2 des statuts de la BEAC). Avant la réforme du franc CFA de décembre 2019, il existait, dans les deux Unions, une obligation de « ratissage » des devises (organismes publics et privés) en cas de débit du compte d'opérations. De ce point de vue, le nouveau système de l'UEMOA serait moins avantageux financièrement.

La création de la nouvelle monnaie devrait s'accompagner de la suppression de l'obligation de centralisation des réserves internationales du compte d'opérations, ouvert par la BEAC dans les livres du Trésor français. Comme ce fut le cas dans la zone UEMOA, en décembre 2019. Cet aspect de la réforme est très sensible parce qu'elle est considérée par les pourfendeurs du franc CFA comme la conquête de la souveraineté politique, sans pourtant être un élément de souveraineté monétaire.

Il est à savoir que depuis les années 2000, grâce à la vente du pétrole au meilleur prix du marché, les pays de la CEMAC ont accumulé d'importantes réserves internationales. Avec la crise de 2013, ces réserves ont considérablement baissé, mettant en danger les politiques macroéconomiques des pays de la CEMAC (graphique 4).

**Graphique 4** - BEAC : dépôts et réserves internationales, 2000-2016 (*en milliards de dollars US*)

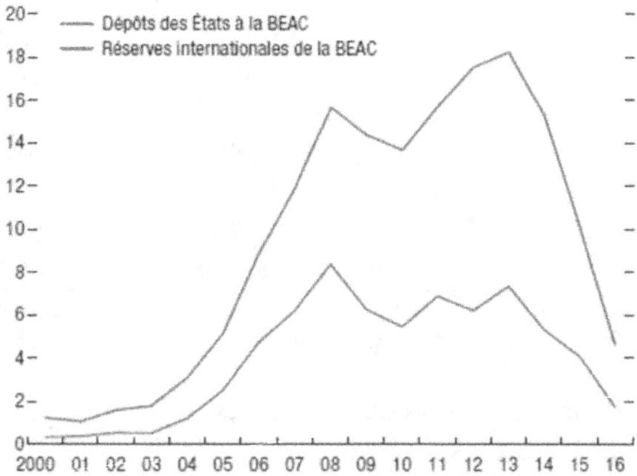


Sources : FMI, Statistiques financières internationales et estimations des services du FMI.

Toutefois, le Rapport Spécial sur le Contrôle du Compte d'Opérations, élaboré par les cabinets Ernst & Young Congo et Mazars Cameroun, pour l'exercice clos le 31 décembre 2023, p.14-15, présente le niveau de réserves de change de la CEMAC. Les données dudit rapport indiquent un niveau suffisant de réserves de change, susceptible de garantir la stabilité monétaire (tableau 3 et tableau 4).

**Tableau 3** - Répartition du solde du Compte d'Opérations, intérêts à recevoir inclus, se présente comme suit (en millions de franc CFA), au 31 décembre 2023.

| Libelle | 31.12.2023 | 31.12.2022 |
|---|---|---|
| Services centraux de la BEAC | 442 821 | 308 328 |
| Cameroun | 2 135 060 | 2 696 679 |
| Centrafrique | 203 970 | 200 732 |
| Congo | 296 627 | 430 706 |
| Gabon | 552 348 | 624 032 |
| Guinée Equatoriale | 662 069 | 771 061 |
| Tchad | 458 435 | 543 290 |
| **Total** | **4 751 330** | **5 574 831** |

**Source** : BEAC : Ernst & Young Congo, Mazars Cameroun: Extrait du Rapport spécial sur le Compte d'Opérations du 31 décembre 2023

Par ailleurs, les avoirs en devises, convertibles, gérés hors du Compte d'Opérations s'élèvent en FCFA à 1 491 406 millions au 31 décembre 2023. La répartition par État-membre de ces avoirs en devises convertibles se présente dans le tableau 4, ci-dessous :

**Tableau 4** - Réserves en devises hors Compte d'Opérations au 31 décembre 2023 (en millions de Franc CFA)

| Pays | 31.12.2023 | 31.12.2022 |
|---|---|---|
| Cameroun | 734 004 | 354 754 |
| Centrafrique | 71 527 | 28 477 |
| Congo | 105 108 | 59 438 |
| Gabon | 190 225 | 83 463 |
| Guinée Equatoriale | 229 649 | 103 684 |
| Tchad | 189 260 | 74 117 |
| **Total** | **1491 406** | **703 936** |

**Source** : BEAC : Ernst & Young Congo, Mazars Cameroun : Extrait du Rapport spécial sur le Compte d'Opérations du 31 décembre 2023

Le 23 septembre 2024, le Comité de Politique Monétaire (CPM) de la BEAC a tenu sa III$^{ème}$ session ordinaire de l'année 2024 à Yaoundé au Cameroun. Le graphique 5[64] montre que les prévisions à moyen terme des réserves de change atteindraient un niveau correspondant à 5,4 mois d'importations des biens et services à l'horizon 2027 (8 699,6 milliards FCFA), après 4,9 mois (7 453,0 milliards FCFA) et 5,2 mois (8 050,3 milliards FCFA) respectivement en 2025 et 2026, contre 4,5 mois (6 539,0 milliards FCFA) en 2024. De même, les avoirs extérieurs nets augmenteraient significativement sur toute la période (2018-2027) pour atteindre 5 174,8 milliards franc CFA à fin décembre 2027 (*cf. Annexe 10, infra*)[65].

Sur la base d'une régression en panel de 71 pays à faible revenu, Baker et Nxumalo (2012) estiment que les niveaux de réserves requis devraient se situer autour de six mois d'importations de biens et de services. Selon Deléchat et Martijn (2008), ce niveau de réserves couvrirait un choc de la balance courante équivalent à deux écarts-types pour les pays de la CEMAC. Toutefois, *ils concluent qu'une couverture de quatre mois suffirait à la CEMAC, en tenant compte des avantages de la mise en commun des réserves*. Les prévisions de la CEMAC sont conformes aux travaux empiriques des économistes du FMI[66].

Il s'avère qu'afin de renforcer l'engagement des pays à constituer un niveau de réserves internationales adéquat, le Comité des ministres des finances de la CEMAC devrait fixer l'objectif de réserves de la BEAC à cinq mois d'importations. Cela mettrait également en perspective la pertinence de la couverture extérieure de la masse monétaire de 20 % établie par la charte de la BEAC (le ratio actifs étrangers moyens/exigibilités à vue moyennes) en tant que mesure du niveau minimum de réserves internationales.

---

[64] Graphique 5 : Prévisions des réserves de change de la CEMAC en mois d'importations des biens et services, et du taux de couverture extérieure de la monnaie de 2018 à 2027

[65] Graphique 5 infra

[66] Baker et Nxumalo (2012), Deléchat et Martijn (2008)

Pour conclure, Mario de Zamaróczy, Vincent Fleuriet et José Gijón (2018), recommandent une gestion efficiente des réserves de change, qui reposerait sur deux piliers :

1. Le premier pilier est fondé sur un *fonds commun de réserves étrangères destiné à la gestion du taux de change et à la balance des paiements*. Ces réserves doivent suffire à (i) rassurer les marchés quant à la capacité de la BEAC à respecter les obligations extérieures et à défendre le taux de change et (ii) à supporter un choc extérieur négatif (baisse du prix du pétrole et des autres matières premières d'exportation agricoles) ;
2. Le second pilier propose de gérer *les recettes exceptionnelles, à savoir les recettes en devises étrangères dépassant le seuil de couverture de cinq mois d'importations* de la CEMAC. Une fois ce seuil atteint, *les pays membres seraient libres de déposer leurs recettes en devises étrangères dans des fonds de stabilisation* (Avom, 2012). Ces derniers pourraient comprendre des actifs d'investissement moins liquides mais offrant des rendements supérieurs. Chaque pays membre disposerait de son propre fonds d'épargne, géré par la BEAC, en fonction de ses objectifs de développement.

Pour la nouvelle monnaie, il convient de fixer des règles claires concernant la constitution des réserves mises en commun. Un mécanisme devra être établi afin d'assurer que les fonds de stabilisation soutiennent les réserves communes de la BEAC dans le premier pilier, si le seuil de couverture des importations ciblé n'est pas atteint. En cas d'insuffisance des réserves, causée par une mauvaise orientation macroéconomique défectueuse dans un ou plusieurs pays membre(s), un processus d'ajustement devra être déclenché.

Pour cela, il reviendra à la BEAC d'arbitrer entre sécurité et rémunération de ses dépôts, puisqu'il s'agit bien d'une épargne. Il faut juste s'assurer que l'institution auprès de laquelle les dépôts sont effectués ne fera pas faillite et que cet argent est bien rémunéré, car cela aurait une forte incidence sur le compte d'exploitation de la Banque centrale régionale.

Eu égard à ce qui précède, nous proposons qu'une gestion efficiente des réserves internationales de la nouvelle monnaie porte, d'une part, sur *(i) le fonds commun de réserves étrangères, destiné à la gestion du taux de change de la nouvelle monnaie et à la balance des paiements des pays concernés et (ii) que les recettes exceptionnelles de chaque pays soient placées dans des fonds de stabilisation-pays.* D'autre part, qu'en lieu et place du Trésor français que *les réserves internationales de la CEMAC, qui seront sous la gestion exclusive de la BEAC, soient déposées auprès de la Banque des règlements internationaux située à Bâle en Suisse.* Cette Banque a vocation d'effectuer les règlements internationaux, l'objectif étant d'assurer les règlements internationaux pour le compte de la BEAC et des pays membres de la CEMAC.

## Une appellation nouvelle

Quel que soit le nom attribué à une monnaie, il faut toujours se rappeler qu'une monnaie dépasse le simple cadre de l'économie. Parce qu'une monnaie renvoie à une identité, l'identité commune des peuples. Parfois, elle peut être l'expression des us et coutumes des peuples concernés. Aussi, la signification de ladite monnaie doit être proche voire corrélée aux économies qui utilisent la monnaie en question. Au Ghana, l'expression *cedi* dérive du mot Akan qui désigne la *coquille de cauris*, autrefois utilisée comme moyen d'échange, de réserve de richesse et d'artifice religieux au début du XX^ème^ siècle. Au Botswana, le mot *Pula* qui a donné le nom à la devise botswanaise signifie *pluie* en tswana. De la même manière qu'en Ethiopie, le mot *Birr* en Amharique signifie *argent.* Tout comme en Mauritanie où le terme *ouguiya* signifie en arabe *Once.* Cette complexité dans la recherche d'une identité commune ne nous a pas permis de proposer un nom à la future monnaie. Cet aspect strictement politique revient aux hauts dirigeants de la zone d'émission où la nouvelle monnaie aura cours légal et pouvoir libératoire. Il serait intéressant de chercher un nom dont l'étymologie voire le symbole fédèrent les peuples des six pays concernés.

Le nom de la nouvelle devise, évoqué depuis le 17 mars 2023, est « AFRIX » dont le sigle est (AFX).

## Le choix d'un régime de change optimal ?

Amina Lahrèche-Revil[67] (1999)[68] définit le régime de change comme l'ensemble des règles qui déterminent l'intervention des autorités monétaires sur le marché des changes, et donc le comportement du taux de change. Ainsi, il existe une très grande variété de régimes de change, qui se distribuent entre deux extrêmes : changes fixes et changes flexibles (cf. Boubacar Sene (2024), *supra*).

Le choix d'un régime de change optimal a toujours été un sujet de débat entre les experts en économie internationale, qu'ils appartiennent aux milieux universitaires ou politiques. Depuis l'effondrement du système de Brettons Woods au début des années 70 et l'adoption du deuxième amendement aux statuts du Fonds Monétaire International, les pays membres sont libres d'adopter le régime de change de leur choix. N'étant plus obligé d'arrimer leur monnaie dans un système surveillé par le FMI, les pays doivent déterminer le régime de change (fixe, flottant, ou intermédiaire) le mieux adapté à leurs besoins, sur la base de critères solides (agrégats monétaires, inflation, programme soutenu par le FMI ou autre programme monétaire, autres dispositifs…).

Nul ne nie que le choix d'un régime de change puisse mettre en cause la politique économique d'un pays, ses marges de manœuvre et son mode d'ajustement macro-économique. Il implique les partenaires du pays considéré, qui sont sensibles aux conséquences d'un régime de change sur leur compétitivité relative, ou qui peuvent être amenés à soutenir une monnaie liée à la leur par un système de parité fixe. Les régimes de change déterminent ainsi les conditions de l'insertion internationale des économies. C'est pour toutes ces raisons que la fixité du taux de change des francs CFA est étroitement associée à une politique macroéconomique orientée vers la stabilité monétaire. Ce

[67] Amina Lahrèche-Revil est chercheur associé au CEPII et maître de conférences à l'université d'Amiens.

[68] Dans « les régimes de change », Éditions La Découverte, collection Repères, Paris, 1999.

principe a conduit à une remarquable stabilité, depuis près de quatre-vingt ans.

Une abondante littérature y est consacrée et des études empiriques menées, notamment par le FMI pour ses pays membres indiquent comment le régime de change peut influencer sur les résultats macroéconomiques (inflation, croissance et vulnérabilités aux crises [chocs extérieurs et intérieurs]). Passons en revue les régimes de change les plus usités.

## Le régime de fixité du taux de change

Il était courant au début des années quatre-vingt-dix de fixer le taux de change par rapport à une monnaie forte, notamment le dollar ou le deutsche mark, surtout dans les pays qui passaient d'une économie dirigée à une économie de marché, l'objectif étant de stabiliser les prix ainsi libérés. Cependant une série de crises économiques, notamment du compte en capital, ont provoqué l'effondrement de ces monnaies, faisant ressortir la fragilité des régimes fixes.

Les francs CFA ont vécu dans cet environnement. Créé en 1945, ils n'ont connu que ce type de régime de change (fixité du taux de change par rapport à une monnaie forte (le franc français, puis l'euro 1999)[69]. Bien que le taux de change ait évolué avec la dévaluation de 1994, les conseils du FMI dans le cadre des missions de surveillance s'orientaient vers deux possibilités, soit (i) adopter un ancrage fixe (union monétaire ou caisse d'émission), soit (ii) adopter un régime de flottement libre dans lequel le marché détermine la valeur de la monnaie sans l'intervention de l'État.

Les États africains et la France ont maintenu l'ancrage des francs CFA à une monnaie forte dans une union monétaire, au détriment : (iii) de faire de la zone monétaire des francs CFA une caisse d'émission[70], (iv) d'un régime de flottement libre.

---

[69] Cf. Tableau 2, supra.

[70] Agbor (2013) considère la Zone franc comme une caisse d'émission, même s'il reconnaît que le « terme n'est pas adapté car certaines des caractéristiques

Dans la littérature économique, ce choix sur les francs CFA rappelle ce que le Prix Nobel canadien Robert Mundell appelle le « triangle des incompatibilités ». Ce dilemme des *petits pays qui doivent en permanence arbitrer entre s'arrimer à une devise forte, avec comme conséquence la perte d'autonomie de la politique monétaire, ou préserver cette autonomie au risque de subir une forte instabilité liée à l'absence d'ancrage de la monnaie nationale à une devise internationale, à priori, gage d'obtention de la stabilité monétaire*[71].

Le cas du franc CFA de la zone CEMAC s'avère plus complexe. Julius Agbor Agbor (2013) explique que la pérennité du régime de change fixe dépend essentiellement de la poursuite des exportations de pétrole, qui représentent environ quatre-vingt-dix pour cent des recettes d'exportation et quarante pour cent du PIB. Si les réserves pétrolières s'épuisaient dans un avenir proche ou si les prix du pétrole baissaient de manière significative, une source substantielle de réserves de change serait perdue, exposant ainsi le régime à l'effondrement. Même sans épuisement de ressources, la volatilité persistante des marchés financiers mondiaux augmente les risques d'effondrement du régime de change fixe, dans la mesure où les fluctuations des prix du pétrole et des matières premières enflamment la spéculation monétaire et rendent les réserves beaucoup plus volatiles.

Apparemment, ce qui convenait le mieux aux pays émergents ou en développement et très souvent choisi par les pays avancés, était *l'ancrage fixe sous la forme d'union monétaire*, comme la zone euro, alors que d'autres pays avancés pratiquent le flottement libre. En fait, les pays de la zone euro appliquent les deux solutions, l'euro flottant par rapport aux monnaies tierces.

---

principales d'une caisse d'émission, en particulier la couverture totale de la monnaie au sens large par les réserves, ne sont pas requises ». Toutefois, la garantie de convertibilité offerte par le Trésor français pourrait être interprétée comme une caractéristique faisant de la Zone franc une caisse d'émission de facto.

[71] Nubukpo (2019).

Qu'en est-il de cette autre possibilité, conseillée également par le FMI, qui constatait sur une étude de 2003, utilisant un classement de fait des régimes de change fondé sur le comportement effectif du taux de change[72], que le régime de parité fixe n'était guère avantageux pour les pays émergeants sur le double plan de l'inflation et de la croissance. Pour cela, les économies émergentes ou en développement à mesure que leur intégration financière est de plus en plus poussée, devaient laisser leur *taux de change flotter librement.*

## Le flottement libre du taux de change

Dans le cas du flottement libre du taux de change, les cours en devises sont déterminés exclusivement par le marché des changes. Pour Guillaumont P. et Guillaumont Jeanneney S. (2017), « la solution du flottement libre du taux de change a l'avantage de ne pas impliquer de décision politique pour diriger le flottement ».

Toutefois, la peur du flottement libre a plusieurs fondements, notamment pour les pays émergeants ou en développement. En effet, lorsque la valeur de la monnaie diminue les autorités redoutent l'inflation importée et les effets d'une dépréciation du taux de change sur les bilans des emprunteurs en devises qui constatent subitement une hausse du coût du service de la dette. Par ailleurs, lorsque la valeur de la monnaie augmente la compétitivité des exportations recule, entre autres (*cf. avantages du franc CFA, supra*).

De plus, ce système de change exige un bon fonctionnement du marché interbancaire de changes et le libre mouvement de capitaux, au risque de se traduire par une forte instabilité du taux de change. Ce risque probable d'instabilité du taux de change ajouterait un choc de nature monétaire aux chocs extérieurs (baisse brutale et/ou durable des prix internationaux des produits primaires d'exportation).

La solution du flottement libre convient mieux à l'Union monétaire européenne, du fait que les pays de la zone euro

[72] Rogoff et al. (2004)

évitent l'instabilité évoquée ci-dessus, en défendant en tant qu'union monétaire un taux de change irrévocablement fixe par rapport aux pays avec lesquels ils ont les liens économiques et commerciaux étroits[73].

Le régime de flottement libre du taux de change existe exceptionnellement dans les pays en développement, comme le Chili, la Somalie, le Mexique et le Nigéria. Le cas de ce dernier pays reste difficile puisque le Nigéria, à travers son régime de flottement libre, a démontré son incapacité à soutenir sa monnaie, le Niara (NHG).

Pour conclure, *l'expérience catastrophique du Nigeria avec ses taux de change fixes mais multiples, véritables aubaines pour la corruption, suffit largement à dissuader les autorités des pays de la CEMAC à se lancer dans une telle aventure.*

Qu'en est-il du flottement contrôlé ?

### Le flottement contrôlé

On peut imaginer un flottement dirigé du taux de change, adopté par la quasi-totalité des pays en développement[74]. Il est à rappeler que le flottement contrôlé se caractérise par l'intervention du gouvernement, soit en modifiant la parité (crawling peg), soit en modulant les interventions de la Banque centrale sur le marché des changes. La mise en œuvre de cette politique répond à deux objectifs alternatifs : (i) utiliser la parité comme ancrage de la monnaie et moyen de préservation de la stabilité monétaire, ou (ii) définir une cible réelle (ou taux de change effectif réel) pour maintenir la compétitivité de l'économie. Le premier objectif se justifie par les effets délétères de l'inflation sur la croissance des économies et sur le niveau de pauvreté ; le second, par la nécessité d'équilibrer la balance des paiements lorsque les réserves extérieures s'épuisent (Sylviane Guillaumont Jeanneney 2023)[75].

[73] Cf. Guillaumont P.et Guillaumont Jeanneney S. (2017)

[74] A l'exception du Chili, le Mexique ou la Somalie

[75] Sylviane Guillaumont Jeanneney (2023) : « Politique de change et réchauffement climatique ». *FERDI Notes brèves / Policy briefs*, 2023.

Le choix des pays de la CEMAC est difficile à plusieurs égards. Certes, les pays de la CEMAC, tout comme ceux de l'UEMOA, ont adopté l'ancrage fixe du franc CFA à l'euro dans le cadre de l'UMAC qui est l'union monétaire les pays de l'Afrique centrale. Guillaumont Patrick et Guillaumont Jenneney Sylviane (2017) notent que « ce système convient mieux à la zone euro et aux vingt pays de l'Union, mais pas aux pays émergeants ou en développement[76] ». Une étude du FMI de 2003 (Cf. supra) qui a utilisé un classement de fait de régime de change fondé sur le comportement effectif du taux de change constate que ce type de régime n'était guère avantageux pour les pays émergeants sur le double plan de l'inflation et de la croissance.

Dans des économies disparates dont la croissance et les réserves internationales dépendent des ressources naturelles non renouvelables, le flottement contrôlé se heurterait à la difficulté d'une gestion collective par les gouvernements, devant définir une cible réelle (TCER) pour maintenir la compétitivité de l'économie[77]. S'agissant des pays de la CEMAC, une des solutions serait de confier entièrement la gestion du taux de change à la Banque centrale régionale (BEAC), ce qui constituerait, après l'abandon de la politique monétaire, un nouveau transfert de souveraineté, auquel les pays de la CEMAC ne sont pas prêts à accepter. *Cette solution est politiquement difficile.*

Les autres moyens autorisant une flexibilité du taux de change[78] compatible avec les réalités économiques des pays de

---

[76] L'effondrement en 2002 de la caisse d'émission argentine (qui liait le peso au dollar) a jeté le doute sur ce type de régime. Rappelons qu'Agbor (2013) considère la zone franc CFA de la CEMAC comme une caisse d'émission.

[77] En d'autres termes, *équilibrer les balances des paiements lorsque les réserves extérieures s'épuisent*

[78] Les autres possibilités comme la suppression de l'unanimité pour un changement de parité ou la définition d'une bande de fluctuation du cours de change autour de la parité, recommandées dans Guillaumont Patricket & Guillaumont Jeanneney Sylviane (2017) ne seront pas abordées ici. Elles sont traitées dans le cadre de la recherche d'une flexibilité du taux de change en Zone franc.

la sous-région, et qui conviendrait aux Instances politique, monétaire et économique de la CEMAC, tel que le rattachement à un panier de devises sont à envisager.

## Le rattachement à un panier de devises

Pour donner plus de flexibilité au cours de change de la future monnaie, deux autres solutions sont envisageables. La première, souvent évoquée, est le rattachement, non plus à l'euro, mais à *un panier de monnaies ad hoc*, comportant au minimum l'euro et le dollar. La deuxième est le rattachement non pas à un panier ad hoc, mais à *un panier des cinq devises qui compose le DTS* (Droits de Tirage Spéciaux), émis par le Fonds monétaire international.

## Le rattachement à un panier de monnaies ad hoc

Ce mode de rattachement était en vogue dans les années quatre-vingt, sous l'impulsion du FMI, puis sa pratique a diminué, puisqu'il n'est utilisé à l'heure actuelle que par neuf pays, dont aucun Pays à faible revenu (PFR) ou Pays moins avancés (PMA). D'ailleurs, au cours de nos travaux de recherches, nous avons constaté que les archives qui y sont consacrées, l'ancrage des francs CFA à un panier de monnaies ad hoc avait déjà été envisagé dans les années 1990, avant la dévaluation du franc CFA de 1994. Depuis lors, les Banques centrales, les Communautés économiques et monétaires et plusieurs acteurs mènent des études et conduisent des réflexions approfondies sur ces questions, bien que la réforme du franc CFA de la région UEMOA de décembre 2019, ait adopté le statut quo en maintenant la parité fixe du franc CFA par rapport à l'euro.

Dans ce cadre, le think tank l'Hétairie[79] a publié une note consacrée à l'avenir de la Zone franc lors de la réunion de la

[79] L'Hétairie est une association qui a pour objet de produire et de diffuser une réflexion de gauche sur l'ensemble des sujets qui structurent la vie

Zone franc, qui s'est tenue les 12 et 13 avril 2018 à Brazzaville au Congo. À Brazzaville, les discussions ont été consacrées sur une évolution probable du changement de régime franc CFA de la CEMAC. Lesdites discussions envisageaient le passage de l'ancrage du franc CFA à l'euro à un panier de monnaies ad hoc.

## Les avantages indéniables…

Le rattachement à un panier de devises ad hoc a certainement des avantages. L'idée sous-jacente est qu'en cas de variation du cours de change de l'euro contre le dollar (ou d'autres monnaies du panier), la dépréciation ou l'appréciation des francs CFA à l'égard des monnaies du panier serait automatiquement atténuée. *Le rattachement à un panier de monnaies ad hoc serait une réponse à la variabilité des cours bilatéraux des grandes monnaies du monde, mais non à l'instabilité des prix des matières premières* qui demeurent une composante majeure des exportations des pays de la CEMAC et même de nombreux pays africains.

## Mais aussi d'inconvénients…

L'automaticité de la réponse à la variabilité des grandes monnaies du monde qui constitue le mérite du rattachement à un panier de monnaies ad hoc doit être mise en balance avec trois avantages du rattachement à l'euro :

(i) Les opérateurs économiques de la zone CFA de la CEMAC, qui commercent avec les vingt pays de la zone euro ou d'autres pays dont la monnaie est rattachée à l'euro, n'ont pas à se couvrir pour le risque de change, couverture qui pour les petites et moyennes entreprises (PME)[80] est compliquée et coûteuse. De

politique française. Elle contribue au débat d'idées par des propositions destinées à mettre en valeur les contributions de ses membres.

[80] Pour ne citer que le cas du Cameroun qui est la première économie de la CEMAC, le Groupement Inter-Patronal du Cameroun (GICAM) compte plus de 1000 entreprises, syndicats et associations membres, à ce jour.
Source : https://www.proparco.fr/fr/carte-des-projets/gicam

plus, le service des emprunts libellés en euro a une contre-valeur certaine.

(ii) L'ancrage à l'euro assure en permanence une cotation stable. Il est un élément de confiance en la stabilité monétaire qui contribue à réduire les anticipations inflationnistes des agents économiques, et par là, à diminuer les coûts que présente la réduction de l'activité économique due à une politique monétaire restrictive.

(iii) Enfin, il existe au niveau international une corrélation négative entre la valeur du dollar américain dans les autres devises et le prix international des produits côtés en dollars[81]. En rattachant les francs CFA à l'euro (plutôt qu'au dollar), les pays de la CEMAC et même de l'UEMOA stabilisent, certes partiellement, la valeur de leurs exportations exprimées en franc CFA.

Certes, le rattachement à une seule monnaie laisse variable de nombreux cours de change, puisque le système financier international est fondé depuis 1973 sur le flottement libre des monnaies des pays industrialisés. C'est pourquoi, il est particulièrement adapté aux pays en développement dont le commerce est relativement concentré sur l'ensemble des pays utilisant la monnaie de rattachement ou ayant adopté le même système de rattachement. En effet, les pays de la CEMAC effectuent la majeure partie de leur commerce extérieur avec les vingt pays de l'Union monétaire européenne (36,40 %), la Chine (27,90 %), les États Unis d'Amérique (3,70 %), le Royaume-Uni (2,60 %), le Japon (1,90 %). (*Cf. tableau 6 infra*). Cependant, la part de la Chine tend à augmenter vertigineusement en raison du développement très rapide des échanges avec l'empire du milieu, soit en 2024 près de 167,8 milliards de dollars US avec le continent africain. Certainement, l'élargissement à la CEEAC augmenterait considérablement la part de la Chine, qui reste en 2024 le premier partenaire commercial de l'Afrique. Outre l'empire du milieu et les autres

[81] Quand le dollar s'apprécie, les prix internationaux des produits primaires côtés en dollar tendent à diminuer, et inversement.

partenaires traditionnels, la diversité de partenariats commerciaux et financiers ainsi que la destination géographique des exportations vers de nouveaux partenaires tels que la Turquie, la Corée, l'Inde, le Brésil ou la Russie, perdraient de sa signification pour des produits primaires vendus sur les marchés internationaux. Ainsi, *le rattachement de la future monnaie à un panier de devises ad hoc ne serait pas si évident.* Une autre voie est envisageable, celle du rattachement au panier de DTS.

## Le rattachement au panier de DTS du Fonds Monétaire International

Crée en 1969 comme avoir de réserve internationale par le Fonds monétaire international, le DTS n'est pas une monnaie, mais une valeur qui repose sur un panier de cinq devises : le Dollar des États-Unis d'Amérique (USD), l'Euro (EUR) des vingt pays industrialisés de l'Union européenne, le Renminbi chinois (RMB)[82], le Yen japonais (JPY) et la Livre sterling (GBP). Ces cinq monnaies, qui répondent aux critères de sélection pour être incluses dans le panier de DTS (XDR), se sont vues attribuer les pondérations qui suivent[83], en fonction de leur rôle dans le commerce mondial et les marchés financiers, comme illustre le tableau 5.

[82] Lors de la revue de 2015, le conseil d'administration du FMI a conclu que le renminbi chinois (RMB) remplissait les critères d'inclusion dans le panier du DTS et en octobre 2016, le renminbi chinois a été ajouté au panier du DTS.
[83] Depuis le 1er août 2022

**Tableau 5** - Composition du panier de DTS et Pondérations des monnaies du panier (et du taux d'intérêt du DTS)

| **Devise** | **Pondérations établies lors de la revue de 2022** | **Nombre fixe d'unités monétaires pour 5 ans** *à compter du 1er août* 2022 |
|---|---|---|
| Dollar américain | 43,38 | 0,57813 |
| Euro | 29,31 | 0,37379 |
| Renminbi chinois | 12,28 | 1,0993 |
| Yen japonais | 7,59 | 13,452 |
| Livre sterling | 7,44 | 0,080870 |

**Source :** Site Internet du FMI : Revue quinquennale de la méthode d'évaluation du DTS

Puisque le DTS est également un panier de devises, la future monnaie de la CEMAC pourrait s'y rattacher au lieu de se rattacher à un panier de devises ad hoc. En effet, la valeur de DTS en dollars américains est déterminée quotidiennement sur la base des taux de change au comptant observés aux environs de midi, heure de Londres. Elle est affichée sur le site internet du FMI (*Cf. Guillaumont P. et Guillaumont Jeanneney S. (2019*).

Les arguments qui militent au rattachement au panier de DTS sont nombreux. En effet, depuis 1963, les pays de la CEMAC sont tous membres du FMI[84] et de ce fait entretiennent une coopération fructueuse, soit dans le cadre de l'article 4 des Statuts du Fonds, soit dans le cadre des programmes économiques et financiers élaborés conjointement.

[84] Cameroun (1963), Centrafrique (1963), Congo (1963), Gabon (1963), Guinée Equatoriale (1969), Tchad (1963)

Du point de vue commercial, les données de Trade Map, extraites par la direction générale du trésor du ministère français des finances indiquent que les parts de marché des exportations françaises en CEMAC se stabilisent en 2022 à 9,5 %. Face à une concurrence chinoise grandissante, l'empire du milieu est devenu le premier exportateur en 2014, avec des parts de marché en croissance non-interrompue depuis les années 2000 et ont atteint 27,9 % en 2022. La France reste néanmoins le deuxième fournisseur de la zone CEMAC en 2022, devant la Belgique (5,3 %), les États-Unis d'Amérique (3,7 %), la Turquie (2,6 %), l'Allemagne (2,6 %) et les Pays-Bas (2,4 %). Ramirez G. et Tsangarides C. (2008) déterminent le poids commercial des principaux partenaires commerciaux de la CEMAC et de l'UEMOA de 2000 à 2004[85]. Le tableau 6 présente les parts de marché des exportations des principaux partenaires économiques des six pays de la CEMAC dont les cinq monnaies constituent le panier de DTS.

[85] RAMIREZ G. and TSANGARIDES C. (2007) : « Competitiveness in the CFA Franc Zone », IMF, *Working Papers, Vol. pp1-40,* IMF eLibrary, Publication date 02 Apr 2008, « Table A72.1 CEMAC and WAEMU Trade Weights, 2000-2004 »

**Tableau 6** – Parts de marché des exportations dans les six pays de la CEMAC (2004-2022)

| Communauté économique et monétaire de l'Afrique centrale | |
|---|---|
| Partenaires | Parts de marché (en %°) |
| China | **27,9** |
| France | **9,5** |
| Belgium | **5,3** |
| United States | **3,7** |
| Germany | **2,6** |
| Turkey | **2,6** |
| Netherlands | **2,4** |
| Spain | 9,2 |
| Italy | 6,0 |
| United Kingdom | 2,6 |
| Korea | 2,5 |
| Nigeria | 2,1 |
| Japan | 1,9 |
| Canada | 1,7 |
| Portugal | 1,4 |
| Côte d'Ivoire | 1,1 |
| Others | 17,5 |

**Sources** : (1) - Les chiffres en gras sont de 2022 et proviennent du Ministère français des Finances, Direction Générale Trésor, publié le 16 avril 2024 et extraits de Trade Map. (2) - Les autres chiffres sont plus anciens et proviennent du Fonds monétaire international, *Direction of Trade Statistics* (extrait de Table A7.2.1. CEMAC and WAEMU Trade Weights, 2000–2004 de RAMIREZ G. and TSANGARIDES C.(2007), « Competitiveness in the CFA Franc Zone », IMF, *Working Papers, Vol. pp1-40,* IMF eLibrary, Publication date 02 Apr 2008

Plus particulièrement à l'élargissement à la CEEAC, les cinq pays dont les monnaies constituent le DTS entretiennent des relations commerciales très fructueuses avec les onze pays de la CEEAC dont les six pays de la CEMAC, comme le montre le tableau 7, ci-dessous.

Par ailleurs, depuis près de deux décennies, la Chine est le premier partenaire commercial de l'Afrique. Au premier semestre 2024, l'Empire du Milieu a échangé près de 167,8 milliards de dollars US avec le continent. Lors du Sommet Forum de coopération sino-africain (Beijing, les 4, 5 et 6 septembre 2024), le gouvernement chinois accordait à l'Afrique un soutien financier de 360 milliards de yuans, soit plus de 50 milliards de dollars US, dans les trois années à venir pour assurer la mise en œuvre des projets bilatéraux dans les domaines de l'agriculture, de l'industrie manufacturière, des infrastructures, de la protection de l'environnement, de l'économie numérique et de la santé, entre autres. L'Angola qui reste le premier partenaire de la Chine dans la sous-région, utilise le Yuan comme monnaie de refuge. Producteurs de pétrole et des ressources du sous-sol, les pays d'Afrique centrale entretiennent une coopération commerciale avec les États-Unis d'Amérique dont la monnaie (le dollar US) a libre cours et pouvoir libératoire en République Démocratique du Congo. Grands exportateurs des matières premières agricoles, les principaux clients des pays de l'Afrique centrale restent les vingt pays de l'Union européenne qui ont en commun l'usage de l'euro. Avec le nouveau monde dit multipolaire qui se dessine, la Chine au côté de la Russie joue un rôle précurseur de premier plan dans le cadre des BRICKS[86].

[86] Anciennement BRIC puis BRICS, cet acronyme désigne initialement le rapprochement de quatre pays aux vastes territoires, les BRIC : le Brésil, la Russie, l'Inde et la Chine, auxquels s'est intégré l'Afrique du Sud en 2011. En 2024, c'est un groupe géopolitique regroupant dix pays du « Sud global », notamment des grands émergents (Brésil, Chine, Inde), des puissances régionales (Afrique du Sud, Égypte, Iran, Russie), des pétromonarchies (Arabie saoudite, Émirats arabes unis) ou des pays précaires à forte croissance économique (Éthiopie).

**Tableau 7** – Poids commercial des partenaires extérieurs de la CEMAC vis-à-vis des pondérations de leurs monnaies dans le panier du DTS

| CEMAC | Poids commercial des principaux partenaires de la CEMAC | Pondérations des monnaies des principaux partenaires dans le panier du DTS *depuis le 1er août 2022* |
|---|---|---|
| United States | 3,7 | 43,38 |
| France | 9,5 | |
| Spain | 9,2 | |
| Italy | 6,0 | 29,31 |
| Netherlands | 2,4 | |
| Germany | 2,6 | |
| Belgium | 5,3 | |
| Portugal | 1,4 | |
| China | 27,9 | 12,28 |
| United Kingdom | 2,6 | 7,44 |
| Turkey | 2,6 | |
| Korea | 2,5 | |
| Nigeria | 2,1 | |
| Japan | 1,9 | 7,59 |
| Canada | 1,7 | |
| Côte d'Ivoire | 1,1 | |
| Others | 17,5 | |

**Sources** : FMI, Direction of Trade Statistics et Revue quinquennale de la méthode d'évaluation du DTS (extrait du site)

Ceci étant, la composition du panier de devises ad hoc ne serait pas un choix si évident. D'une part, les pays partenaires commerciaux et financiers diffèrent d'un pays à l'autre, et cette diversité serait amplifiée avec l'élargissement à la CEEAC. De plus, la destination géographique des exportations perd de sa signification pour des produits primaires vendus sur les marchés internationaux. *Le rattachement au panier de DTS pourrait sans doute être plus facilement l'objet d'un consensus qu'un panier ad hoc*[87], bien qu'il puisse poser des problèmes techniques pour la gestion quotidienne de change[88].

## La France doit-elle continuer à garantir la convertibilité du franc CFA ?

La garantie de la convertibilité des francs CFA est un des marqueurs de la coopération monétaire avec la France. Elle est étroitement liée à la participation active de la France aux instances de gouvernance des banques centrales régionales. C'est un avantage indéniable pour les pays africains qui rend difficile l'évolution des francs CFA. Certains le considèrent comme la plus grosse perte qui surviendrait de la réforme du franc CFA de la CEMAC, dans l'optique d'un autre choix de régime de change de la future monnaie, qui rendrait celle-ci peu convertible. A contrario, pour les adeptes du statu quo, il faut reproduire le schéma de l'UEMOA, concernant la garantie où celle-ci prendrait la forme d'une ligne de crédit[89] ».

Certains économistes comme Dominique Strauss-Kahn vont plus loin en proposant que « la garantie de la convertibilité illimitée du franc CFA ne devrait plus être de la seule responsabilité de la France. Il y a lieu d'étendre cette garantie aux vingt pays de l'Union Européenne[90] qui utilisent l'Euro ». Pour Strauss-Khan, « lorsque les marchés savent que les vingt pays européens garantissent la convertibilité de la future monnaie, ils seront plus en confiance, si d'aventure la Banque

---

[87] Guillaumont, Patrick ; Guillaumont Jeanneney S. (2017) : « Quel avenir pour les francs CFA ? », FERDI, DT n° P188

[88] La valeur du DTS en dollars se modifie quotidiennement (elle est affichée sur le site internet du FMI). Comme le DTS est une somme de monnaies, la pondération relative des devises varie selon que les monnaies s'apprécient ou se déprécient les unes par rapport aux autres (cf. IMF, Factsheet, *Droit de tirage spécial,* oct. 2016).

[89] Dans le cas de l'Afrique de l'Ouest, la France et la BCEAO ont signé une convention dans ce sens en 2020.

[90] L'Euro est utilisé dans 20 pays de l'UE : Allemagne, Autriche, Belgique, Chypre, Croatie, Espagne, Estonie, Finlande, France, Grèce, Irlande, Italie, Lettonie, Lituanie, Luxembourg, Malte, Pays-Bas, Portugal, Slovaquie et Slovénie.

centrale régionale faisait face à un manque de disponibilités pour couvrir ses engagements en devises. Dans ce cas, elle pourra se procurer les euros nécessaires auprès de la Banque centrale européenne ». La question sous-jacente est de savoir si l'Union Européenne et la BCE seraient disposées à un tel engagement ?

Dès lors que les dirigeants des pays de la CEMAC auraient choisi un autre régime de change que la parité fixe à l'euro, l'assurance de la garantie illimitée de la convertibilité de la future monnaie serait sans objet. Ce qui constituera un véritable soulagement pour la France du point de vue politique, car cette dernière ne pourrait assurer indéfiniment ce fardeau qui pèse sur elle depuis près de quatre-vingt ans.

## L'harmonisation des politiques économiques

Puisqu'il est peu probable d'effectuer un ajustement par le taux de change (dévaluation) en cas des chocs exogènes (baisse drastique du prix du baril de pétrole, entre autres) et endogènes (lutte contre le terrorisme, changement climatique ou pandémies telles Covid-19...), les seules possibilités probables portent sur (i) l'absorption qui est un ensemble des politiques de demande (politiques de stabilisation) ou (ii) inciter davantage l'offre pour augmenter davantage la croissance à travers les politiques d'offre (politiques structurelles).

En effet, l'absorption consiste à compresser la demande globale pour envisager les grands équilibres macroéconomiques. Plus simplement, il s'agit de réduire les dépenses publiques à la recherche effrénée des recettes budgétaires. Pour ce faire, la zone CFA de la CEMAC a mis en place des critères de convergence (*Cf. Annexe 9 infra, tableau 6*), qui opèrent une forte surveillance des politiques macroéconomiques des États. La Commission bancaire de la Banque centrale régionale en fait rapport tous les six mois sur le respect ou non des critères de convergence, lesquels impactent sur les politiques économiques des États membres.

*S'agissant de la politique budgétaire* : Dans la zone CEMAC, le solde budgétaire de référence[91] (en pourcentage du PIB nominal) doit être supérieur ou égal à moins un et demi pour cent (≥-1,5 %). Il est associé à ce critère, un critère supplémentaire relatif au solde primaire hors pétrole[92]. Un des objectifs inavoués de ces règles est de bloquer les politiques budgétaires. Avec la contrainte de respect des critères de convergence, il faut constamment « assainir les finances publiques », c'est-à-dire entretenir l'austérité qui demeure un cercle vicieux pour les économies.

Plusieurs acteurs politiques, publics ou privés ne perçoivent la corrélation entre la politique monétaire et les politiques macroéconomiques. Le rattachement du taux de change au panier DTS confère à la future monnaie ses possibilités d'ajustement. Cette possibilité d'ajustement par le régime de change offre à la politique économique des États sa capacité contra cyclique. Cet attelage entre la monnaie et les critères de convergence (aménagés) doit assurer la stabilité budgétaire et la viabilité de la dette, en tenant compte de la nature épuisable des ressources naturelles (pétrole, mines, etc.), de la volatilité des recettes, du lissage de la consommation, de l'augmentation probable des investissements publics et même de l'équité intergénérationnelle. Ainsi, la politique budgétaire doit soutenir le régime de change en contribuant de manière appropriée aux réserves obligatoires.

*En ce qui concerne l'inflation*, tout le monde s'accorde à dire que la hausse des prix (l'hyperinflation) est un phénomène nuisible aux économies. Elle est une source de variabilité du taux de change effectif réel qui rend moins efficace l'allocation de ressources dans une économie, réduisant ainsi les

[91] Cet indicateur peut être procyclique dans les pays qui dépendent des ressources naturelles et il ne permet pas une analyse de la viabilité budgétaire lorsque les ressources naturelles s'épuisent progressivement.

[92] Le solde primaire hors pétrole est la différence entre les recettes non pétrolières et le total des dépenses, les paiements d'intérêts sur la dette extérieure et intérieure étant exclus.

opportunités de croissance[93]. Elle diminue le pouvoir d'achat des ménages, notamment les pauvres qui ne disposent pas des moyens de s'en protéger. Enfin, la forte hausse des prix perturbe les éléments de la stabilité économique que constituent les anticipations raisonnées des acteurs économiques. (*Voir avantages des francs CFA supra*).

Dans la zone CEMAC, tous les pays doivent respecter la convergence du taux d'inflation à une limite inférieure ou égale à trois pour cent (≤ à 3 %)[94]. Ce critère de convergence qui est devenu une véritable discipline a conduit à une remarquable stabilité monétaire.

Malgré cela, Nukukpo (2019) explique que « l'inflation chez nous est (i) importée : c'est le prix dans les pays d'origine de nos importations, notamment la zone euro ; c'est aussi le prix du pétrole et (ii) elle provient des chocs, notamment climatiques. La part monétaire de l'inflation est quasiment inexistante ». Dans la mesure où le taux d'inflation est déjà très bas, cela créé de fait une rigidité à la baisse du niveau général des prix. La question que se pose l'économiste togolais est de savoir comment faire en sorte que l'inflation soit d'origine monétaire ? Cette interrogation trouve certainement des réponses dans cet ouvrage.

*Pour ce qui est de la gestion de la dette*, la dette est un phénomène aussi vieux que le monde. Dans la vie courante, il est normal de s'endetter lorsque l'on a généralement un besoin de financement pour satisfaire ses envies économiques. Mieux gérer sa dette est un devoir pour la crédibilité de l'emprunteur. C'est aussi un engagement à respecter vis-à-vis des créanciers.

Depuis la crise de la dette des années quatre-vingt-dix, les pays de la CEMAC disposent de cadres institutionnels adéquats de gestion optimale de leurs dettes. De plus, ils bénéficient des précieux conseils du FMI (Consultation au titre de l'Art. 4 du FMI) et des réaménagements par les bailleurs de fonds bilatéraux (Club de Paris et Club de Londres) et dans un passé

---

93 Cf. Guillaumont P., Guillaumont Jeanneney S. et Brun J-F. (1999) « How Instability Lowers African Growth" *Journal of) African Economies*, vol. 8 (1), 1999, pp. 87-107

94 Cf. Annexe 9 et tableau 9 infra

récent des réaménagements aussi de la dette multilatérale. Ces mécanismes peuvent prendre plusieurs formes : remise de dettes, rééchelonnement à moyen terme ou annulation pure et simple.

En zone CEMAC, le critère de surveillance du niveau de la dette porte sur le stock de la dette publique intérieure et extérieure (en pourcentage du PIB nominal) qui doit être inférieure ou égale à soixante-dix pourcent ($\leq$ 70 %). Ce critère de convergence, couplé aux règles budgétaires, ci-dessus, permet d'assurer la viabilité de la dette, entre autres, en tenant compte de la nature épuisable des ressources (pétrole), de la volatilité des recettes, du lissage de la consommation et de l'augmentation vertigineuse des investissements dans les domaines routiers (constructions des corridors d'intégration sous-régionale) et de l'énergie (constructions des barrages). .

De la marche inexorable vers le développement, certains États de la CEMAC, après les PPTE des années deux mille, éprouvent des difficultés à s'acquitter aisément de leur dette. La situation reste cependant sous contrôle comme l'atteste *le tableau 9 de l'annexe 9*. Par exemple, le gouvernement camerounais, outre le cadre institutionnel existant[95], a mis sur pied la commission nationale de la dette publique (CNDP)[96] dont l'objectif est, entre autres, de donner un avis, ex-anté, avant signature d'une convention de financement.

*Le choix d'une politique efficiente d'industrialisation.* Puisque le respect des critères de convergence impose une diminution des dépenses publiques, les dépenses d'investissement sont fortement visées, pour équilibrer les budgets dans un environnement de rareté relative des ressources

[95] La Caisse Autonome d'Amortissement du Cameroun (CAA) est la structure de gestion de l'ensemble des fonds d'emprunts publics de l'État et de ses démembrements, des organismes publics et parapublics, des collectivités locales.

[96] La CNDP coordonne et suit la mise en œuvre de la politique nationale d'endettement public et de gestion de la dette publique, veille à sa mise en cohérence avec les objectifs de développement et la capacité financière de l'État. Cette commission publie une note de conjoncture mensuelle sur la dette publique du Cameroun.

ou d'inefficacité des politiques fiscales. Les politiques macroéconomiques doivent favoriser une augmentation de l'investissement rentable. Elles doivent créer les conditions propices à une augmentation des investissements publics et privés nationaux et étrangers dans tous les secteurs de l'économie. Les secteurs prioritaires seraient : (i) l'énergie (construction d'infrastructures à partir des énergies renouvelables), (ii) la transformation des matières premières non agricoles (le bois, etc.), (iii) l'industrie pharmaceutique et chimique (production des médicaments et des vaccins, production des engrais et des produits phytosanitaires), (iv) l'industrie électroménager (production des biens électroménagers).

*La gestion optimale des ressources naturelles*[97]. Les revenus tirés de l'exploitation des ressources naturelles sont importants pour les gouvernements de la CEMAC. La première raison tient à leur niveau généralement élevé. En effet, les revenus tirés de l'exploitation des richesses naturelles sont souvent importants du point de vue de la quantité mais aussi en termes de valeur. C'est ainsi que les pays de la CEMAC au sous-sol riche enregistrent de fortes contributions aux budgets des États et à la constitution des réserves internationales pour la stabilité monétaire. La deuxième raison tient au fait que les revenus d'exploitation des ressources du sous-sol sont des profits purs qui peuvent être taxés sans coût d'efficacité économique, ni pression excessive. Cependant, une des caractéristiques importantes de ces revenus est que bien que les ressources soient naturelles, les revenus eux demeurent artificiels. Ils doivent être gagnés sur le marché et leur montant dépend de la façon dont les ressources sont exploitées (Règle de Hotelling)[98].

[97] René Obam Nlong (1997), « Quels types de fiscalité doit-on appliquer aux ressources naturelles ? Le cas de la Côte d'Ivoire sur le secteur pétrolier », publié par l'Institut africain de développement (IAD) de la Banque Africaine de Développement (BAD)

[98] La théorie fondamentale de Hotelling se présente sous la forme de deux modèles de base : un modèle de gestion privée et un modèle de gestion publique. Modèle de gestion publique (mine ou d'un puits de pétrole) : le sentier optimal d'exploitation de la ressource est celui où le prix net croît

En effet, on obtient le maximum de revenu si la ressource est exploitée d'une manière économiquement efficace. Les États doivent choisir les bonnes politiques fiscales (impôt foncier, royalties, impôt sur les bénéfices, impôts sur les profits exceptionnels, redevances d'exploitation modulables, droits d'exportation ou droits de sortie, impôt forfaitaire sur le revenu) qu'il faut appliquer aux ressources naturelles de manière à tirer le maximum de revenu tout en préservant la ressource. Le système fiscal choisi doit préserver la ressource tout en cherchant à satisfaire les besoins de l'État et des hommes. La fiscalité doit assurer une bonne gestion des ressources naturelles avec les exigences budgétaires des États producteurs et les préoccupations environnementales. Les pays doivent trouver une adéquation de manière à tirer le maximum de revenus des richesses naturelles tout en préservant les ressources en question.

De plus, l'impôt peut changer le régime d'exploitation de la ressource. En clair, l'impôt ou les autres moyens d'acquisition des revenus peuvent réduire ces réserves que le gouvernement peut s'attendre. Aussi, on devrait accorder une attention particulière à la conception et à l'administration de l'impôt sur les ressources naturelles tout en tenant compte des préoccupations préservationnistes. Ainsi, les objectifs budgétaires doivent être cohérents avec les ratios requis de couverture des réserves, sur la base des projections des recettes des ressources.

*Le développement des infrastructures.* Les priorités devraient inclure des réformes structurelles plus approfondies portant spécifiquement sur les programmes d'intégration régionale, dans les domaines des infrastructures routières, des télécommunications et de l'énergie, ainsi que dans d'autres domaines facilitant le commerce interrégional. Cet aspect est en

---

exponentiellement au taux d'escompte social (égal à l'équilibre au taux d'intérêt). La règle pour la gestion privée : le sentier d'exploitation ou le rythme d'exploitation est celui qui correspond au taux d'intérêt des titres de concession de la ressource, lequel définit un coût d'opportunité sur le marché des titres. Le propriétaire de la ressource maximise son profit actualisé, lorsque le prix net de la ressource croît exponentiellement au taux d'intérêt.

cours de développement dans certains pays de la CEMAC dans le cadre des *politiques d'intégration régionale*[99]. La sous-région est déjà reliée à l'Afrique de l'Ouest par le corridor Yaoundé-Bafoussam-Bamenda-Enugu (Nigéria) avec le pont sur la cross-river à Ekok[100]. De même, le corridor Yaoundé-Djoum-Ketta (Nord du Congo) est fonctionnel depuis 2020. Nous attendons la fin du projet route-pont-rail qui reliera les capitales Brazzaville et Kinshasa[101]. Le pont sur le fleuve Logone, qui relie la ville de Bongor du Tchad et celle Yagoua au Cameroun est une réalité. Autant de perspectives prometteuses qui accéléraient davantage le développement des pays de la sous-région. Il faut aller plus loin pour interconnecter les pays et favoriser la mobilité et le commence interrégional.

*Le développement du marché financier sous-régional.* C'était un secteur longtemps en berne depuis les années deux mille. Le premier emprunt obligataire du marché financier unifié a reçu un écho retentissant qui a permis au Gabon de mobiliser, en 2007, un financement de 100 milliards de franc CFA. Depuis cette première opération, le Cameroun a levé sur le marché obligataire la somme de 176,692 milliards de franc CFA[102], en 2023. D'autres emprunts obligataires de l'État du Cameroun ont été effectués en 2018, 2016, 2014, 2013, 2010, pour financer les projets de développement. S'agissant du Tchad, ce pays a mobilisé avec succès 100 milliards en 2023, après une opération similaire en 2011. Pour sa part, le Congo a

---

[99] Coopération multilatérale avec la Banque africaine de Développement (*un des H-5 : Intégrer l'Afrique*)

[100] Ville camerounaise frontalière avec le Nigéria, la frontière naturelle étant la Cross-River.

[101] Projet d'aménagement des accès routiers au pont route-rail sur le fleuve Congo dont l'objectif est d'assurer la continuité du système de transport sur le corridor Tripoli – Windhoek et à de contribuer à la promotion de l'intégration régionale en Afrique centrale. Le projet vise, de façon spécifique, à créer une liaison routière permanente entre la RDC et la RC. D'un coût de 2 920 010 dollars US, financés par la BAD et les deux pays, le projet consiste en un pont à péage de 1,575 km sur le fleuve Congo et prévoit d'inclure une voie ferrée, deux voies de circulation routière, des trottoirs et des postes de contrôle frontaliers.

[102] Emprunt obligataire ECMR 2023

procédé au lancement d'une émission obligataire en 2021, d'un montant de 100 milliards de franc CFA. Depuis l'entrée de la République Centrafricaine sur le marché des valeurs du Trésor en 2011, ce pays a procédé en octobre 2023 à une levée de fonds d'une enveloppe de 10 milliards de franc CFA, sous forme d'obligations du Trésor assimilables. En 2024, Bangui comptait mobiliser 100 milliards de franc CFA pour son tout premier emprunt obligataire. Ce pays avait déjà obtenu 19,84 milliards de franc CFA au premier trimestre de 2024 et vise 50 milliards de franc CFA à la fin du second trimestre de 2024. Ces exemples viennent confirmer le bon fonctionnement du marché obligataire de la zone CEMAC et le marché des valeurs du Trésor (Obligations du Trésor assimilables et Bons du Trésor assimilables) de la même zone.

Ainsi, le secteur financier de la CEMAC connaît un véritable essor, grâce aux réformes engagées depuis 2019. Le marché monétaire, segment quasi inexistant de ce marché financier en 2018, a enregistré une forte croissance de l'encours des transactions interbancaires qui a atteint 288 milliards de franc CFA en août 2021 contre 153 milliards en août 2020, soit une hausse de 88 %. Sur le marché des titres publics, l'encours des valeurs des trésors de la CEMAC au 31 mars 2022 a atteint 5820 milliards de franc CFA contre 1000 milliards de franc CFA en 2018, date du début des réformes, représentant ainsi une augmentation de 482 % en trois ans. Le recours au marché sur ce segment est passé de 2,1 % du produit intérieur brut (PIB) en 2018 à 8 % en mars 2022.

Sur le compartiment géré par la Bourse des valeurs mobilières de l'Afrique centrale (BVMAC), il y a dix-huit valeurs au 31 janvier 2022 contre quinze valeurs un an auparavant. Le compartiment obligataire est passé de onze valeurs au 31 janvier 2021 à treize valeurs au 31 janvier 2022, soit une hausse de 18,18 %.

S'agissant du compartiment des actions, le nombre d'actions est passé de quatre valeurs au 31 janvier 2021 à cinq valeurs en janvier 2022 pour une capitalisation boursière respective de 140,90 milliards de franc CFA et 159,08 milliards de francs franc CFA, en hausse de 12,90 %.

Cette évolution est non seulement le résultat concret des réformes engagées, mais elle atteste également de la volonté des acteurs économiques de la CEMAC de recourir de plus en plus au marché financier afin de financer leurs programmes de développement.

Pour conclure, la future monnaie de la CEMAC doit également renforcer la compétitivité afin de stimuler la croissance en vue d'améliorer la qualité de vie des populations, un des objectifs majeurs de la CEMAC et de chacun des pays membres. Les priorités devraient inclure des réformes structurelles visant à accroître la productivité du travail, à réduire les coûts excessifs des facteurs et à diversifier la base de production et d'exportation des économies; à réduction des coûts des facteurs grâce à un meilleur accès aux nouvelles technologies et à l'intelligence artificielle; des programmes d'intégration régionale, de télécommunications et de l'énergie, ainsi que dans d'autres domaines facilitant le commerce interrégional; et créer les conditions propices à une augmentation des investissements privés nationaux et étrangers dans tous les secteurs de l'économie (secteur non pétrolier), en commençant par la réforme du système juridique et réglementaire, de la gouvernance et de l'environnement des affaires.

## Le retrait de la présence française

Aux instances de la CEMAC, le partenariat avec la France est visible sur les positions suivantes :

- deux (02) représentants français sur 14 membres au Conseil d'Administration de la BEAC ;
- deux (02) représentants français[103] sur 14 membres au Comité de politique monétaire de l'UMAC ;
- trois (03) Censeurs dont un (01) désigné par la France ;

---

[103] Article 39 des statuts de la BEAC

- un (01) commissaire ou son suppléant représentant la Commission Bancaire française, désigné par le gouverneur de la Banque de France à la COBAC.

Cette importante présence française est considérée comme la contrepartie de la garantie de convertibilité illimitée du franc CFA.

Comme ce fut le cas pour la réforme du franc CFA de l'UEMOA de décembre 2019, la future monnaie de la CEMAC doit s'accompagner automatiquement du retrait de la France au conseil d'administration de la BEAC, de la COBAC et du Conseil Ministériel de l'Union monétaire de l'Afrique centrale. Le retrait définitif de la France viendrait signifier la fin des mécanismes de la Zone franc, une fois de plus. Déjà depuis la réforme du franc CFA de l'UEMOA, les réunions périodiques de la Zone franc ne se tiennent plus. La France et ses partenaires africains des régions concernées tiennent plutôt des réunions bilatérales dès que nécessaires.

Enfin, la BEAC devrait tenir compte de l'ensemble des indicateurs d'intégration régionale, notamment le dynamisme des échanges commerciaux, la mobilité des personnes et des biens, du capital et du crédit, et jouer un rôle de premier plan dans la transformation des économies.

Voilà principalement les grandes articulations que devraient comporter la nouvelle monnaie qui remplacerait le franc de de Coopération Financière en Afrique centrale (XAF).

L'exercice n'est pas aisé car, dans un futur proche, la CEMAC doit disparaitre pour faire place à la CEEAC. La création d'une nouvelle monnaie de la CEMAC doit intégrer cette réalité. D'ores et déjà, il existe de très grandes disparités entre les économies des onze pays de la CEEAC, que nous avons exprimée dans le tableau 8 ci-dessous, tableau 10 et le tableau 11 infra.[104]

---

[104] Annexe 11

**Tableau 8** - Quelques disparités entre les pays de la CEEAC

| Libellé | Monnaies et Devises utilisées | Niveau d'inflation (en %) | Taux de croissance annuelle | Entreprise et/ou Lieu d'Émission monétaire | Population (en millions d'habitants) |
|---|---|---|---|---|---|
| **Angola** | Kwanza (AOA) *Yuan chinois (CNY)* | 18,1 | 3,00 | De La Rue (Angleterre) | 34,504 |
| **Burundi** | Franc Burundais (BIF) | 15,9 | 2,7 | Oberthur Fiduciaire (Paris, France) | 12,231 |
| **R.D. du Congo** | Franc Congolais (CDF) *Dollar (US)* | 17,2 | 4,7 | Hôtel des Monnaies (Kinshasa, RDCongo) | 95,894 |
| **Rwanda** | Franc Rwandais (RWF) | 7,0 | 6,6 | De La Rue (Angleterre) | 14,314 |
| **Sao Tomé-et-Principe** | Dobra (STN) | 16,1 | 1,2 | De La Rue (Angleterre) | 0,22310 |
| **CEMAC** | Franc CFA (XAF) | 4,5 | 3,5 | Banque de France (Chamalières, France) | 65 |

**Sources** : Prévisions FMI, Avril 2024 ; Perspectives économiques de la BAD ; Banque centrale des États d'Afrique centrale

Compte tenu de la grande disparité des économies des pays de la CEEAC, de la faiblesse des échanges économiques et d'énormes richesses du sous-sol de la majorité des pays de la Communauté, de la diversité des partenaires économiques, la réforme du franc CFA doit se faire en avant-garde de la fusion de la CEMAC et de la CEEAC. Plusieurs raisons militent à cette démarche.

Premièrement, il y aurait lieu d'éviter ce qui se passe en Afrique de l'Ouest. En effet, le projet de création de la future monnaie commune, l'Eco, date de près de trente ans, sans avancée considérable, du fait que certains pays membres de la CEDEAO ne trouvent pas leur intérêt à mutualiser les réserves de change.

Deuxièmement, la diversification des partenariats est plus axée vers la Chine, l'Inde et dans une moindre mesure vers la Turquie et même la Russie. Au sein de la CEMAC, le Nigéria reste le premier partenaire commercial du Cameroun. Par contre, la Chine est rentrée dans la zone par le biais du fort endettement de la République du Congo, au point de négocier avec le FMI pour des remises de dettes.

Troisièmement, il existe ce que les économistes appellent *l'Angola mode*. Ce concept désigne le fait que l'Angola a adopté, depuis le 15 août 2016, une seconde monnaie le Renminbi chinois (CNY), encore appelé le Yuan chinois. Cette devise chinoise a cours légal et pouvoir libératoire sur toute l'étendue territoriale angolaise, à l'instar du Kwanza (AOA), la monnaie nationale angolaise.

Quatrièmement, les pays de la CEEAC sont producteurs de pétrole et d'autres ressources naturelles, sources d'importants revenus qui alimentent considérablement les budgets nationaux et financent le développement des pays concernés. Or, les principaux clients mondiaux industrialisés cherchent inlassablement d'autres sources d'énergie que le pétrole. Dans les pays de l'Union européenne, l'arrêt de la fabrication des moteurs thermiques de véhicules est fixé en 2035. On observe de gros investissements dans la production des véhicules hybrides et électriques dont la Chine est devenue le premier producteur mondial[105]. Le pétrole étant une ressources naturelles non renouvelables, les économies telles que celle de l'Angola (80 % du PIB pétrolier) ou celle du Congo, qui a beaucoup de difficultés à régler sa dette, impacteraient le

[105] Quelques 6,1 millions de voitures entièrement électriques ont été vendues sur l'ensemble de l'année 2023, a indiqué la Fédération chinoise des constructeurs de voitures individuelles (CPCA). Plus de 2,7 millions de modèles hybrides ont également trouvé acquéreurs, selon la CPCA. En 2022, toute catégorie confondue, un total de 21,6 millions de voitures particulières ont été vendues en Chine, soit plus de 5,6% sur un an.

fonctionnement de la CEEAC, eu égard à la baisse drastique des revenus pétroliers, qui a plongé certaines économies de la zone dans la récession. Actuellement, cette institution cherche quinze milliards de francs CFA pour son fonctionnement[106]. Dans ces conditions, comment amorcer dans la sérénité l'élargissement imminent ?

[106] Source : Africa intelligence, Edition du 04/11/2024 de 5h40 GMT

## Le nouvel ordre monétaire mondial

Puisque la monnaie est un symbole qui renvoie à la sécurité c'est-à-dire à la stabilité des prix et à la domination (dollar, pétrodollar)[107], un nouveau paradigme mondial est en train de voir le jour sous silence. D'après Marc Luyckx Ghisi (2020)[108], « les Chinois avaient annoncé, en 2018, la dédollarisation et la « désaméricanisation du système monétaire international ». Comme l'explique le savant belge, on est passé de la monnaie qui renvoie à la sécurité à une monnaie qui renvoie à la notion de domination. Selon Luyckx Ghisi, « nous vivons une troisième phase avec la montée en puissance de la Chine (sur le plan économique et monétaire), de l'Inde et d'une dizaine de pays dont la Russie[109], l'Arabie Saoudite, l'Iran, le Venezuela, l'Argentine et quelques pays africains, lesquels optent pour un nouveau système[110] qui serait le symbole de la stabilité et de l'éthique . Ces pays annoncent un nouveau monde dit multipolaire ». Ce faisant, ils comptent mettre en place une structure pour laquelle aucun État ne pourra dominer les autres, proposant ainsi une logique horizontale qui ne renvoie plus à la notion de domination, mais à celle de la justice. Ainsi le dollar et l'euro ont perdu la main. Ils deviennent des monnaies périphériques au nouveau système monétaire mondial tiré par la Chine. En Europe et aux États-Unis d'Amérique, on parle de l'inflation. Mais non ! C'est l'euro et le dollar américain qui dévaluent dans un silence total. Depuis le 28 mars 2022, un mois après l'invasion de l'Ukraine par la Russie, la monnaie russe ne s'est pas effondrée avec la vague de sanctions

---

[107] Henry Kissinger, l'ingénieux Secrétaire d'État américain a imposé au monde entier le « pétro dollar ». Toute transaction sur le pétrole et autres matières premières était libellé en dollar. Ce qui a fait du dollar un instrument de pouvoir et de domination américaine.

[108] Marc Luyckx Ghisi, dans une interview du 17 juillet 2024, intitulée : « Trois scénarios pour le futur ». Il est à la fois Mathématicien, Philosophe, Théologien et Économiste. Voir Annexe 3 infra

[109] Annexe 5 : Système de paiement russe MIR

[110] Annexe 5 : voir infra

économiques et financières. Au contraire l'euro a perdu 39,5 % de sa valeur par rapport à la monnaie russe.

Pour concrétiser cette initiative, la Nouvelle Banque de Développement a vu le jour en 2014 et de nouveaux systèmes de paiement émergent dans le monde. Le plus usuel étant le système de paiement russe « MIR ».

## La Nouvelle Banque de Développement New Development Bank BRICS

Anciennement connue sous le nom de Banque de Développement des BRICS, la Nouvelle Banque de Développement (NDB BRICS) est une banque internationale de développement. Elle est une initiative des cinq États fondateurs des BRICS[111] , comme alternative à la Banque mondiale et au Fonds Monétaire International, les deux institutions de Bretton Woods et du système monétaire international. Outre, cette ambition, la Banque est configurée pour favoriser une plus grande coopération financière et de développement entre les pays émergents. Pour cela, cette institution nouvelle compte réformer en profondeur les institutions internationales, trop souvent négligentes envers les besoins des économies émergentes d'après le Président Sud-africain Cyril Ramaphosa, et aussi de disposer les moyens pour limiter l'hégémonie du dollar américain et des Occidentaux sur le système financier mondial. « Jusqu'ici, le système a été unipolaire, il va être remplacé par un système plus multipolaire », assurait Dilma Rousseff, présidente actuelle de la NDB et ancienne présidente du Brésil, dans le Financial Times du 23 août 2023.

La Banque est inaugurée officiellement le 15 juillet 2014 à l'occasion du VI$^{ème}$ des BRICS qui s'est tenue à Fortaleza au Brésil. En plus des cinq pays fondateurs, le Bangladesh et les Emirats Arabes-Unis deviennent membres en 2021, l'Egypte en 2023 et l'Algérie en 2024. L'Indonésie poursuit sa démarche d'adhésion.

[111] Afrique du Sud, Brésil, Chine Inde, Russie

Parmi les objectifs de la Banque, il s'agit de financer les projets d'infrastructures et de créer une *réserve d'arrangement de devises de l'ordre de 100 milliards de dollars US* dans le but d'aider les pays membres à contrer les chocs financiers futurs. Sur un capital initial total de 100 milliards de dollars, la Chine donnera 41 milliards, le Brésil, la Russie et l'Inde donneront 18 milliards de dollars et l'Afrique du Sud devrait contribuer à hauteur de 5 milliards de dollar américain. La Nouvelle Banque de Développement fournirait également une assistance à d'autres pays qui souffriraient de l'instabilité économique dans le sillage de la sortie des États-Unis de leur politique monétaire expansionniste. Avec un capital mobilisable de 50 milliards de dollar (environ 46,1 milliards d'euros), apporté à parts égales par les cinq fondateurs, elle a financé pour 33 milliards de dollars les projets d'infrastructures et de développement, depuis sa création en 2014.

À son siège à Shanghai en Chine, le fauteuil de Président a déjà été occupé par Kundapur Vaman Kamath, de nationalité indienne et Marcos Prado Troyjo, brésilien de nationalité. Depuis le 24 mars 2023, l'ancienne présidente de la République fédérative du Brésil de 2011 à 2016, Dilma Rousseff est la troisième présidente de la NDB.

## Le système de paiement MIR

Le système de paiement russe MIR est un système de paiement par carte, géré par la Banque centrale de la fédération de Russie via le Système national de cartes de paiement (Национальная Система Платежных Карт, NSPK), qui lui-même est géré comme une filiale de la Banque Centrale Russe. La finalité de ce nouveau système est de contribuer à l'émergence d'un nouveau réseau financier dans le monde. Ce nouveau système de paiement MIR intervient alors que l'expansion des économies émergentes des BRICS coïncide avec la perte de domination du dollar américain en tant que monnaie de réserve et d'échanges mondiaux. En octobre 2024, les BRICS représentent désormais 36,8 % du PIB mondial, soit plus d'un tiers de la production totale de biens et de services de la planète. Alors que les États-Unis et ses alliés du G7 se trouvent à moins de 30 %, soit environ 29 % de la production mondiale.

Comme la Russie et les pays de la fédération de Russie, le Venezuela, qui est soumis à des sanctions internationales, a rejoint le système MIR par la création par sa Banque centrale d'un réseau des guichets de paiements automatiques. Dans le même sens, les guichets automatiques à Cuba ont commencé à accepter les cartes du système MIR. Le Myanmar accepte les cartes MIR depuis décembre 2023. Le Nicaragua a également exprimé le souhait de rejoindre le système.

Les cartes MIR sont désormais acceptées par les banques partenaires en Abkhazie, en Arménie, en Biélorussie, au Vietnam, au Kazakhstan, au Kirghizistan, au Tadjikistan, en Corée du Sud et en Ossétie du Sud. L'Iran, l'Indonésie, l'Égypte, la Thaïlande, l'Inde, Maurice, le Nigéria et l'Éthiopie manifestent également un intérêt pour la connexion au système MIR.

De ce phénomène de plus en plus palpable et concret, il pourrait y avoir un processus d'annulation de beaucoup de dettes, un changement très profond du système de taxation, lequel pourrait progressivement diminuer et une augmentation progressive de ressources. Inexorablement, on ira vers plus de prospérité.

Pour anticiper sur l'évolution du système monétaire international de domination et de la suprématie du dollar et de l'euro en perte de vitesse, le Sommet sur le Nouveau Pacte Financier Mondial (Paris, 22-23 juin 2023) a forgé un consensus international, à savoir « la lutte contre la pauvreté ne saurait s'opposer à la lutte contre le changement climatique ». Le Président français Emmanuel Macron, hôte du Sommet de Paris, résume ainsi les grands engagements : (i) Pas d'annulation de la dette mais un consensus sur sa restructuration (la Zambie a bénéficié de cette nouvelle vague); (ii) la taxation sur les transactions financières internationales, notamment instituer une taxe sur le transport maritime ; (iii) la mobilisation du secteur privé (pour 1,00 € public, il faut 1,00 € du privé) ;

(iv) la nécessité de réformes des Institutions de Bretton Woods, notamment le FMI[112] et la Banque mondiale[113]. Pour sa part, la France devrait réallouer 40 % de ses DTS aux pays du Sud ; (v) la nécessité de mieux rémunérer les Trésors de Biodiversité[114] (Amazonie, Bassin du Congo, Bornéo-Mekong), pour lutter contre la pauvreté et le changement climatique. Certains de ces engagements internationaux sont connus de tous. Toutefois, ce consensus tarde à se concrétiser, notamment pour les pays du Sud.

Ainsi, depuis le Sommet de Paris de juin 2023 qui, entre autres, devait enrayer la perte de vitesse du dollar et de l'euro et sauver le système monétaire international dominant et la suprématie de ces deux monnaies, grâce à la montée vertigineuse des BRICS qui s'opposent en alternative, les monnaies africaines déjà si fragiles ont de plus en plus de mal à enrayer l'inflation dont une part importante est importée par les fortes fluctuations des principales monnaies du monde, accentuant les crises des économies des pays du continent africain.

---

[112] S'orienter vers un système plus équitable d'allocation de DTS, notamment la réallocation de 100 milliards de dollars de DTS, décidée en 2021. Il faut également deux nouvelles émissions de DTS, équivalentes à 650 milliards de dollars chacune, qui seraient décidées d'ici à 2030. Et qu'en amont, les pays riches s'engagent à redistribuer une partie sans conditions aux pays vulnérables et à l'Afrique en particulier.

[113] Révision du mode de financement du développement et la prise en compte de la lutte contre le changement climatique, notamment l'allocation de 100 milliards de dollars pour le financement de l'action climatique.

[114] Annexe 5

## L’instabilité permanente des monnaies africaines

La fierté qu’affichent les pays africains d’avoir des monnaies nationales est une fierté de façade, une fierté qui cache des lots d’incongruités économiques. Nul n’ignore que la quasi-totalité des monnaies africaines sont instables. On se souvient de tant d’épisodes monétaires douloureuses, notamment celle de la devise zaïroise, le zaïre (ZRN), la monnaie de la République du Zaïre (1967-1989), sous le régime du Maréchal Mobutu Sese Seko Kuku Ngbendu wa Za Banga, dont le taux de change a atteint 1 990 000 ZRN pour un dollar américain en décembre 1992. De même, le dollar zimbabwéen (ZWL) a connu une inflation annuelle vertigineuse, culminant à 2,2 millions pour cent en juillet 2008, le plaçant ainsi parmi les monnaies les plus faibles au monde.

## De l’instabilité monétaire aux difficultés économiques des pays africains

Cette instabilité est due en partie à des mauvaises politiques macroéconomiques et monétaires qui accentuent les crises économiques. Plus grave, les crises économiques parfois récurrentes, sont accompagnées par des crises monétaires aigues, puisque les monnaies africaines ne sont pas protégées contre la hausse du dollar américain et d’autres devises étrangères comme l’euro, la livre sterling ou le Yen. Ces phénomènes ont considérablement déstabilisé, dans la période récente, les pays comme le Soudan du Sud, le Zimbabwe, le Nigéria, le Malawi, l’Angola, le Burundi, l’Égypte ou le Ghana. La liste n’est pas exhaustive.

Pour ce dernier pays de la CEDEAO, accablé par une forte dette, le Ghana est confronté à une inflation historique de plus de 50 % et à l’effondrement du cours de sa monnaie, le Cedi. Des difficultés économiques aggravées depuis l’invasion russe en Ukraine, le Ghana est en cessation de paiements. Depuis le 13 décembre 2022, le FMI est à son chevet. Outre l’inflation y est de 50 %, le taux d'intérêt (directeur) pour les prêts est de 27 %. En 2022, le Cedi a perdu près de 50 % de sa valeur. Le prix de l'essence est multiplié par deux et les réserves de change ont fondu comme neige au soleil. Et pourtant, le Cedi est la devise officielle du Ghana depuis 1965, en remplacement de la livre sterling. Créée en 1958, *Bank of Ghana*, la banque centrale, imprime les billets de banque et fabrique les pièces de monnaie à Accra[115], la capitale ghanéenne. De plus, les Ghanéens ne sont pas moins bons gestionnaires. Simplement, le Cédi n'est pas protégé contre la hausse du dollar et d'autres monnaies de ses principaux partenaires. Pis, le Ghana ne pouvait plus payer sa dette et prévoyait de troquer son or contre le pétrole.

S'agissant du Nigéria, le naira a chuté de 23 % en une journée, celle du 14 juin 2023, à un taux de 600 NGN pour un (01) dollar américain, alors que la Central Bank of Nigeria abandonnait son ancrage monétaire et permettait au naira de s'échanger librement. Le 19 juillet 2023, le naira est tombé à un niveau historiquement bas de 853 NGN pour 1 dollar. Entre le 1er février 2024 et le 5 février 2024, la monnaie a de nouveau chuté, de plus de 50 %, passant de 898 NGN à 1 400 NGN, avant de redescendre à 1 600 NGN au 30 juillet 2024. Dans l'ensemble, le premier trimestre 2024 a vu chuté le naira à 1 524 pour 1 dollar américain, reflétant une perte de valeur de 230 % par rapport au cours de 2023. Le taux d'inflation en janvier 2024 a atteint 29,9 %, son plus haut niveau depuis 1996. A titre de rappel, le naira est la devise officielle du Nigéria depuis 1973, remplaçant ainsi le *Nigerian pound*. Créé en 1958, *Central Bank of Nigeria (CBN)* dont le siège est à Abuja, la capitale nigériane, est la banque centrale. La *Nigerian Security Printing and Mint Company Plc* (The Mint) est l'imprimeur et l'institut d'émission des billets de banque. Elle est implantée à Abuja et à Lagos et est détenue majoritairement par le gouvernement nigérian.

---

[115] Le président Nana Addo Dankwa Akufo-Addo a officiellement inauguré le nouveau siège de la Banque du Ghana ( BoG), d'une valeur de 250 millions de dollars, le mercredi 20 novembre 2024 à Accra.

A l'instar du Ghana et du Nigéria, d'autres pays du continent rencontrent les mêmes phénomènes d'hyperinflation, d'érosion monétaire et de récession économique aigue. Si quelques disparités subsistent entre les pays et les régions, un quart des pays du continent affiche un taux annuel d'inflation à deux chiffres[116].

Outre le phénomène d'instabilité monétaire de la quasi-totalité des devises africaines, la plupart des pays du continent sont fortement endettés, en particulier vis-à-vis de la Chine au point de négocier avec le Fonds Monétaire International pour des remises de dettes. Au sein de la CEMAC, la Chine est rentrée dans la zone par le biais du fort endettement de la République du Congo. Doit-on le rappeler, qu'au sein de la CEEAC, *l'Angola mode* est désormais effectif. En effet, depuis le 15 août 2016, l'Angola a adopté la monnaie chinoise, le Yuan (CNY), comme seconde devise. Le Yuan a ainsi cours légal et pouvoir libératoire sur tout le territoire angolais, à l'instar du Kwanza (AOA), la devise angolaise. Pour sa part, le Nigeria, en août 2018, a passé un accord avec la Chine qui permet de contourner le dollar et l'euro en vue d'effectuer directement les transactions entre le Yuan chinois et le Naira nigérian.

## Le poids du système monétaire et financier international

À l'instabilité récurrente des monnaies africaines et des crises aiguës des économies africaines, s'ajoute le poids du système monétaire et financier international. En effet, les deux institutions de Brettons Wood que sont le Fonds Monétaire International et la Banque mondiale ont été créées en 1944 pour financer la construction des pays occidentaux ravagés par la seconde guerre mondiale, et plus tard de promouvoir le développement des nouveaux pays devenus indépendants. A cette époque, en dehors de l'Éthiopie, tous les autres pays africains étaient des colonies occidentales. Depuis lors, ces

[116] Voir Tableau 11 infra

institutions restent les gendarmes, mieux, les gestionnaires des économies des pays africains dont les premiers pays sont devenus indépendants à partir de 1957.

Au troisième millénaire, ces deux banques de développement que sont la Banque Mondiale et le Fonds Monétaire International continuent de préconiser les politiques de lutte contre la pauvreté, sans fondamentalement changer de modèle économique, en dépit des enseignements douloureux tirés des politiques d'ajustement structurel des années quatre-vingt-dix. Lutter contre la pauvreté, c'est continuer à maintenir les peuples africains dans la pauvreté, sans perspective de prospérité, dans un monde en constante mutation. Si la forme et les noms des programmes économiques ont varié, le fond c'est-à-dire le contenu des réformes à imposer aux Africains reste le même. Plus de deux générations d'Africains ne connaitront jamais *la bonne vie,* comme les Européens avec les Trentes Glorieuses ou les Américains avec le rêve américain. Car les gouvernants africains n'ont pas de marge de manœuvre et sont constamment harcelés à réaliser des politiques impopulaires au détriment de leurs peuples. À quel moment l'Afrique connaitra enfin la prospérité ?

En prenant les destinées des pays africains, le IXème Président du Groupe de la Banque africaine de Développement, le Docteur Akinwumi Adéjo Adesina, élu en 2015, puis en 2020, a proposé une autre voie, celle de la transformation de l'Afrique. A travers les High5 qui constituent un ensemble cohérent de politiques de développement (en lieu et place de la lutte contre la pauvreté), l'Afrique est entrain de décoller, en silence, dans des domaines aussi variés et divers. On pourra ainsi partir d'Abidjan à Lagos en passant par le Ghana, le Togo et le Benin. Tout comme Enugu au Nigeria à Yaoundé au Cameroun, puis à Brazzaville au Congo pour Kinshasa en RDC. *Éclairer & électrifier l'Afrique, Nourrir l'Afrique, Industrialiser l'Afrique, Intégrer l'Afrique, Améliorer la qualité de vie des populations africaines* ne sont pas des slogans vagues et creux, mais des politiques alternatives de sortie du dilemme de la pauvreté : un véritable programme de transformation pour l'Afrique.

Et pourtant, les épreuves ont été difficiles, les écueils nombreux, parfois douloureux. Je me souviens comme hier cette question lancinante lorsque la Banque proposait d'engager le dialogue pour la VII$^{ème}$ augmentation du capital. « Que voulez-vous faire avec autant d'argent ? », entendait-on des pays membres non régionaux. Et pourtant, les ratios prudentiels[117] au 30 juin 2018 étaient sur un fil de rasoir. Il était impératif d'entamer les discussions pour une nouvelle recapitalisation. On reprochait au principal dirigeant de la Banque de n'avoir pas utilisé tous les moyens à sa disposition. On évoquait ainsi l'optimisation du bilan, l'accroissement des cofinancements, l'ajustement des instruments de prêts ou l'autofinancement qui sont simplement des modes de bonne gestion et non l'apport en argent frais. Par la témérité des cinquante-quatre pays membres régionaux et le leadership du Président et de son pays d'origine, le Nigeria, premier actionnaire de la Banque, l'institution panafricaine de développement a pu obtenir de l'argent frais pour continuer l'œuvre de transformation de l'Afrique.

Au-delà de l'augmentation du capital, l'ingéniosité du Président Adesina, convaincu que l'argent se trouve en Afrique, a mis en place le Forum Africain des Investissements (Africa Investment Forum). Une rencontre entre les investisseurs et les pays en quête de financements a vu le jour. La première édition s'est tenue à Johannesburg en Afrique du Sud, les 7, 8 et 9 novembre 2018. D'édition en édition, de succès en succès, les Africains trouvent enfin des financements sains pour leurs projets de développement. La Banque, une des institutions panafricaines, qui a changé de paradigme depuis 2015, est une voie à suivre. Pourquoi le Fonds Monétaire Africain ne devrait pas s'en inspirer ?

---

[117] Au 30 juin 2018, le taux d'utilisation des fonds propres (RCUR ou TUFP) était de 79 % ; le ratio indiquant le total des engagements souscrits par rapport aux fonds propres (Gearing) était de 43 % ; le ratio d'endettement (Leverage) était de 84 %. Le seuil déclencheur de recapitalisation est atteint lorsque le TUFP est supérieur ou égal à 90 %. Dans ce cas, la Banque a deux hypothèses, soit cesser ou diminuer drastiquement ses activités de prêts, soit recapitaliser.

On ne cessera d'évoquer la marche inexorable du monde vers un nouvel ordre monétaire mondial. Avec la montée en puissance de la Chine sur le plan économique et monétaire, l'Inde, la Russie, la Turquie, l'Arabie Saoudite, l'Iran, le Venezuela, l'Argentine et dans une moindre mesure l'Afrique du Sud, ces pays sont en train de construire, sous silence, un nouveau monde dit « multipolaire » et comptent mettre en place une structure pour laquelle aucun État ne pourra dominer les autres. Peu à peu, le dollar américain et l'euro sont en train de devenir des monnaies périphériques au nouveau système monétaire mondial tiré par la Chine. (*Voir supra*).

C'est dans ce contexte et au regard des réalités des économies du continent que l'Afrique doit converger vers une autre voie, celle de la stabilité monétaire de ses différentes monnaies, celle de l'intégration régionale et celle du renforcement du commence entre les pays africains. L'institution monétaire panafricaine qu'est le Fonds monétaire Africain devrait être orientée vers cette direction.

La réforme du franc CFA devrait donc prendre en compte toutes ces réalités politiques, économiques et stratégiques dans un environnement mondial en pleine mutation.

Eu égard à ce qui précède, nous pensons que la réforme du franc CFA de la CEMAC sera définitive dans un environnement global, qui, serait élargi à terme, à l'institution financière panafricaine qu'est le Fonds Monétaire Africain[118].

---

[118] Art 19 de l'Acte constitutif de l'Union Africaine

## Une autre voie : le Fonds Monétaire Africain

Plusieurs considérations économiques, monétaires et politiques ont montré que tout système monétaire a des avantages et des inconvénients. De cette réalité, les pourfendeurs et les défenseurs du franc CFA ne s'entendront jamais. Les premiers sont persuadés que la légitimité de leur démarche est une quête de souveraineté politique, monétaire et même économique, qui fait défaut au développement des pays concernés. À contrario, les adeptes du franc CFA fondent leurs argumentations sur les expériences diverses et variées, vécues sur tous les continents, et à l'appui des statistiques mondiales, pour dire que, en matière de réformes monétaires, il y a eu plus d'échecs que de réussites. Le statu quo actuel des pays de la CEMAC ne saurait durer éternellement aussi bien pour la France qui assure la garantie de la convertibilité du franc CFA que pour les pays concernés, après quatre-vingt ans d'usage de cette monnaie. Il y a lieu de porter la réflexion à une autre échelle, celle continentale, en vue (1) d'assurer la stabilité des monnaies africaines, de (2) mutualiser les moyens, notamment les réserves en devises des pays africains pour garantir la convertibilité des monnaies africaines entre elles, lesquels moyens doivent nourrir les bonnes intentions de l'Organisation de l'Unité Africaine. Ce vaste chantier doit être mené autour de l'institution financière régionale qu'est le Fonds Monétaire Africain.

### Historique

L'Article 19 de l'Acte Constitutif de l'Union Africaine (UA)[119] porte sur la création de deux institutions financières panafricaines : le Fonds Monétaire Africain (FMA) et la Banque Africaine d'Investissement (BAI). Dans la conception de l'Union Africaine, l'objectif du Fonds Monétaire Africain est de faciliter l'intégration des économies africaines par le biais de l'élimination des restrictions commerciales, d'une intégration

[119] 39ème Sommet de l'OUA (Lomé, septembre 1999)

monétaire plus accrue, du financement nécessaire de la croissance, de la réduction de la pauvreté et de l'endettement des États.

Conformément aux dispositions de l'Acte constitutif, les fonctions du FMA sont les suivantes :

- Promouvoir la coopération monétaire et financière entre les États membres de l'UA ;
- Faciliter l'expansion et la croissance équilibrée du commerce intra-africain ;
- Assurer périodiquement l'évaluation macroéconomique des États, élaborer en rapport avec les autorités nationales et/ou régionales concernées des mesures correctives ad hoc et veiller à leur mise en œuvre effective ;
- Contribuer à la promotion de l'emploi et de la lutte contre la pauvreté ;
- Promouvoir la stabilité des changes, la convertibilité des monnaies des États et éviter les dévaluations compétitives des taux de change ;
- Aider à l'élaboration d'un système multinational de paiement relatif aux transactions courantes des États et éliminer les restrictions sur le change ;
- Assurer la fonction de chambre de compensation de tous les paiements entre les États Africains ;
- Rechercher des solutions mieux adaptées à l'endettement des pays africains ;
- Produire des données statistiques nécessaires à une bonne gouvernance économique.
- Etc…

De ces attributions, il est à noter que plusieurs fonctions sont déjà exercées par d'autres institutions panafricaines. C'est le cas de l'institution panafricaine de développement qu'est la Banque Africaine de Développement (BAD) qui dispose déjà d'un cadre institutionnel à savoir la vice-présidence chargée du développement régional, de l'intégration et de prestations des services. Il en est aussi des Banques de développement sous-régionales, à l'instar de la BDEAC[120]ou de la BOAD[121], la DBSA[122]ou le FAGACE[123], qui promeuvent l'intégration sous-régionale. Aussi, les cinq commissions économiques africaines créées dans le cadre du Plan de Lagos (1980-2000), dans l'exercice harmonieuse de leurs activités, remplissent certaines fonctions du FMA. Au niveau de chaque pays membre régional, la BAD appuie les cinquante-quatre pays membre régionaux à disposer d'instruments efficaces de bonne gouvernance et de gestion de la dette. Comme les autres banques de développement, la mission première de la BAD est de lutter contre la pauvreté et de contribuer à la promotion de l'emploi, etc. Les conflits institutionnels que pourraient engendrer le FMA, les chevauchements que son fonctionnement pourraient occasionner, les doubles emplois avec les autres institutions financières régionales et sous-régionales, constituent autant de limites de cette institution.

## Quelques limites du Fonds Monétaire Africain

Si les intentions de l'Union Africaine restent nobles, ses ambitions restent cependant limitées par différents aspects conceptuels suivants :

- Le Fonds Monétaire Africain, tout comme les autres institutions financières de l'Union Africaine (BCA, IMA, BAI) appartiennent à la Commission de l'UA par l'entremise du Département des Affaires Économiques. Ce qui lui enlève le caractère indépendant dévolu à une institution de dimension africaine ;

[120] Banque de développement des États de l'Afrique centrale (BDEAC)
[121] Banque ouest-africaine de développement (BOAD)
[122] DBSA est la Banque de développement de l'Afrique australe (Development Bank of Southern Africa), institution de financement du développement (IFD) de premier plan, détenue à 100 % par l'État sud-africain
[123] Fonds Africain de Garantie et de Coopération Economique est une institution panafricaine au service de14 États membres. Il a joué un rôle important au cours des 40 dernières années en faveur de l'intégration économique des pays africains.

- La coordination des activités du Fonds est de la responsabilité du Département des Affaires Économiques de la Commission de l'Union Africaine ;
- Au 31 décembre 2017, le Fonds Monétaire Africain enregistre seulement les signatures de neuf (09) pays, à savoir : le Bénin, le Cameroun, le Congo, le Ghana, la Guinée-Bissau, la Mauritanie, le Tchad, Sao Tomé-et-Principe et la Zambie. Aucun pays à cette date n'a encore ratifié les instruments juridiques du Fonds.

Ces limites ne confèrent pas au FMA le caractère africain lui permettant d'être à la hauteur des ambitions des pays africains. Nous sommes ici en face d'une institution mort-née, une institution qui n'a jamais réellement vu le jour, encore moins une institution qui n'a jamais fonctionné. C'est dire et reconnaitre que le Fonds Monétaire Africain, en perpétuelle création, est dans l'impasse depuis 24 ans. Il y a lieu d'envisager une refonte en profondeur de cette institution, en lui confiant la mission principale de protéger les populations contre l'hyperinflation qui érode les monnaies du continent, de protéger les monnaies africaines contre les fluctuations des principales monnaies du monde, qui affectent gravement les économies du continent, de contrer les variations imprévisibles des prix des matières premières et bien évidement les aléas inhérents aux déficits publics, en fonction d'évènements déstabilisants comme le changement climatique, la lutte contre le terrorisme ou les grandes endémies (Covid-19, Virus Ébola, Paludisme).

## Le rôle du Fonds Monétaire Africain

Considérée comme l'avenir du monde par ses richesses encore sous-exploitées ou exploitées de manière sous-optimale, sa riche biodiversité, la dynamique de sa jeunesse et de ses peuples, la diversité des cultures, l'Afrique reste un des continents les moins peuplés du monde, avec seulement près de 1,4 milliards d'habitants dont plus de la moitié vit en dessous du seuil de pauvreté. Ce sont plus de 700 millions d'hommes et de femmes qui vivent dans l'extrême précarité, avec moins d'un dollar US par jour. En se projetant sur l'avenir du continent, le Fonds Monétaire Africain aura à jouer un rôle fondamental dans la marche inexorable des Africains vers la modernité. Elle doit aider à l'éclosion des dynamiques qui changeraient l'avenir du continent. C'est dans cette perspective que cette institution panafricaine devrait :

1. maintenir la stabilité des prix, afin de préserver le pouvoir d'achat des populations africaines qui en sont dépourvues de mécanismes de protection ;
2. protéger les monnaies africaines contre les fluctuations du dollar américain et des autres grandes monnaies du monde qui érodent la valeur des monnaies, impactant aussi les prix internationaux des matières premières issues du sous-sol ainsi que les produits agricoles d'exportation ;
3. protéger les populations africaines d'éventuelles pertes de pouvoir d'achat dans des situations de conflits, de changement climatique ou à la suite des grandes épidémies et endémies ;
4. assister les banques centrales africaines dans leur poursuite de la stabilité monétaire et financière ;
5. Garantir la convertibilité des monnaies africaines entre elles, afin de promouvoir le commerce entre les pays du continent dans le cadre de la Zone de libre-échange continentale ;
6. mutualiser soit en totalité, soit en partie, les réserves de changes des pays africains, pour garantir la convertibilité des monnaies et d'assurer les opérations de règlements extérieurs au profit des pays membres du FMA ;
7. agir en tant que banque des banques centrales, en assurant également le rôle de chambre de compensation de tous les paiements entre les États ;
8. promouvoir la coopération monétaire et financière entre les pays membres de l'Union Africaine.

Ainsi, les domaines d'activité s'orienteraient vers les activités de banque centrale, des activités de services financiers, à l'exception des assurances et des caisses de retraite. C'est dire que le Fonds doit répondre au quotidien aux préoccupations des pays africains en matière de règlement inhérents aux paiements internationaux. Dans ce cadre, les échéances de la dette extérieure des pays et toutes les autres opérations de paiements internationaux seront l'apanage du FMA. Le Fonds monétaire Africain sera la Banque centrale des banques centrales des 54 pays africains, à l'instar de la Banque des règlements internationaux (BRI), chaque pays conservant sa banque nationale ainsi que sa monnaie nationale.

Pour son bon fonctionnement, le FMA doit être indépendant et autonome de toute action ou ingérence des autres institutions africaines ou des pays membres. Sa configuration doit épouser celle la Banque Africaine de Développement.

Ce corpus de missions confère au FMA un caractère spécifique.

## Le caractère africain du Fonds Monétaire Africain

Le caractère africain du FMA reposerait sur quatre critères spécifiques. Pour être membre du FMA, (i) il faut être un pays africain, disposant d'une monnaie nationale et sa banque centrale ou une monnaie commune gérée par une banque centrale régionale ou sous-régionale.

(ii) Le capital du FMA est composé d'actions appartenant à la quarantaine Banques centrales ou Banques centrales régionales des pays africains. Les institutions et personnes privées doivent être exclues. La quote-part de chaque actionnaire constitue son droit de vote. Ainsi, le capital total représenterait les 100 % d'actions souscrites. En fonction des besoins du FMA, le Conseil d'Administration qui sera l'instance suprême pourrait ouvrir le capital aux grandes Banques centrales du monde, en fonction du poids commercial des pays détenteurs et sur accord politique des pays membres de l'Union Africaine. Ce poids commercial doit être la pondération de la totalité des échanges avec les 54 pays africains.

(iii) Le Directeur Général du Fonds est un ressortissant d'un États africain, élu pour ses compétences et sa probité pour un mandat de cinq ans renouvelables une fois. Les Directeurs Généraux Adjoints seront également élus dans chacune des cinq commissions économiques (et monétaires) d'Afrique.

(iv) Le siège du FMA est fixé dans un pays africain, en l'occurrence à Yaoundé au Cameroun et l'architecture organisationnelle sera définie dans les textes de la refonte.

*Le Conseil d'administration* est responsable de la direction stratégique et politique de l'institution.

*Le Directeur général* gère l'institution selon les politiques adoptées par son conseil d'administration.

## Les autres particularités et dans l'attente d'un cadre de réforme plus globale

Le FMA aura sa propre monnaie, une monnaie virtuelle sous la forme d'unité de compte (UC). L'UC sera arrimée au panier de DTS et chaque monnaie africaine aura une parité fixe avec l'unité de compte africaine. Elle sera garantie par les réserves en devises déposées auprès du FMA.

En attendant la démarche du FMA vers sa mise en œuvre effective, les six pays de la CEMAC ne doivent plus attendre. La Conférence des Chefs d'État de la CEMAC doit donner pouvoir à l'un des leurs pour mener la réforme du franc CFA, comme l'avait fait les pays de l'UEMOA à la personne du Président ivoirien.

Nanti d'un savoir-faire avéré et d'une expérience de quatre-vingt années de gestion d'une monnaie commune, le mandataire des Chefs d'État de la CEMAC et les institutions de la communauté aborderont l'élargissement vers la CEEAC avec compétence et sérénité.

# Conclusion

Le franc CFA suscite de vifs débats. Une abondante littérature y est consacrée, orientée le plus souvent sur des conclusions accommodantes. Les travaux de recherches effectués révèlent plusieurs constats. Plusieurs études, essais et ouvrages défendent un système monétaire vieux de quatre-vingt ans, tandis que d'autres dénoncent, à tort ou à raison, les preuves de la domination française.

Et pourtant, le franc CFA souffre de plusieurs « péchés originels » et traine encore de « symboles non défendables » : son nom qui signifiait autrefois « franc des colonies françaises en Afrique », l'impression des billets de banque et la fabrication des pièces de monnaies à Chamalières en France ; un régime de change, arrimé au franc français puis à l'euro, sur la base d'une parité fixe; la garantie de convertibilité et l'existence d'un compte d'opérations, ouvert auprès du Trésor français ; son appartenance à une des quatre zones monétaires existantes; la participation active de la France à la gouvernance des banques centrales régionales et autres institutions des communautés économiques et monétaires des pays concernés. Pour s'affranchir de la tutelle de la France, les Chefs d'État de l'UEMOA ont mandaté le président ivoirien Alassane Ouattara, ancien gouverneur de la Banque centrale des États de l'Afrique de l'Ouest à conduire la réforme du franc de la Communauté Financière Africaine (XOF) de décembre 2019, réduisant ainsi le rôle et la présence de la France, dans l'attente de la création d'une nouvelle monnaie (l'Eco) pour les quinze pays de la CEDEAO.

Pour leur part, les six pays de CEMAC devaient se prononcer sur une étude conduite par la présidence de la Communauté Économique et Monétaire de l'Afrique Centrale vers la voie de la réforme du franc de la Coopération Financière en Afrique centrale (XAF), le 17 mars 2023.

La réforme des francs CFA repose avant tout sur une volonté politique. Guillaumont P. et Guillaumont Jeanneney S. (2017), reconnaissent que « la Zone franc est un mode de coopération internationale original et efficace. Certes, elle peut comme par le passé évoluer, selon la demande des États africains ». De même, lors d'une table ronde au Palais Bourbon, portant sur *la Souveraineté monétaire des États Africains et le devenir du franc CFA (Paris, 29 mai 2024),* le Président de la Commission des Affaires Étrangères de l'Assemblée nationale française, M. Jean-Louis Bourlanges, en conclut de **« respecter la volonté des pays africains, même si les choix sont difficiles. C'est aux pays africains de prendre en mains leur souveraineté ».**

En définitive, réformer le franc CFA de la CEMAC est d'abord une responsabilité politique, celle des Chefs d'État des six pays membres de la CEMAC de prendre en mains leur souveraineté.

Réformer le franc CFA implique également d'aborder les symboles peu défendables de cette monnaie : le nom de la future monnaie, le choix du régime de change optimal, la gestion des réserves internationales, la gouvernance strictement africaine des Banques centrales régionales et accessoirement l'entreprise internationale d'impression des billets et de fabrication des pièces de monnaies.

Depuis le Sommet de Yaoundé du 17 mars 2023, le nom de la future monnaie est désormais connu : AFRIX, avec le sigle AFX.

Notre étude a identifié près de quarante devises africaines dont neuf seulement sont produites sur le continent. Outre la France à travers ses usines de Chamalières et d'Oberthur Fiduciaire de Paris, le marché est dominé par De La Rue (Angleterre), Giesecke & Devrient (Allemagne), Crane Currency (États-Unis), ou encore Goznak (Russie). Ainsi, la future monnaie de la CEMAC pourrait être imprimée soit par des usines installées en Afrique (Joint-venture : De La Rue et Gouvernement kenyan à Nairobi, ou Crane Currency avec Bank Al-Maghrib du Maroc), soit par les usines situées hors du continent, sur la base d'appels d'offres internationaux.

Concernant le choix du régime de change, notre analyse, corroborée par plusieurs études scientifiques, porte des réserves pour un arrimage de la future monnaie à une monnaie forte ou à un panier de devises ad hoc. Ce choix s'avère risqué, compte tenu de grande diversité des partenaires commerciaux des six pays de la CEMAC et du fait que la traçabilité des exportations de matières premières pourrait s'avérer douteuse de par les types, la qualité et les quantités des produits exportés. En revanche, *le choix du rattachement d'AFRIX au panier de DTS du Fonds Monétaire International pourrait faciliter le consensus entre les décideurs politiques, les experts et les autres acteurs concernés.*

Pour ce qui est de la convertibilité de la nouvelle monnaie, un audit réalisé pour la fin 2023 avait montré l'existence d'un niveau largement suffisant de réserves internationales. En conséquence, la future monnaie de la CEMAC pourrait être initialement garantie par la Banque de Règlements Internationaux à Bâle (Suisse). La Banque centrale des États de l'Afrique centrale devrait envisager d'adhérer à cette institution, comme l'Afrique du Sud, l'Algérie et le Maroc, en souscrivant aux trois piliers de la réglementation de Bâle qui portent sur les exigences de fonds propres (pilier 1), la surveillance prudentielle (pilier 2) et la discipline de marché (pilier 3). À l'instar de tous les membres, la BRI accueillera les réserves en devise de la Banque centrale régionale pour permettre à cette institution d'effectuer des opérations de règlements internationaux au profit de la BEAC.

AFRIX serait une étape importante vers l'élargissement de la CEMAC à la CEEAC, qui regroupe onze pays dont cinq utilisent sept monnaies, comprenant cinq monnaies nationales et deux devises étrangères avec une diversité de régimes de change.

Face à l'instabilité des monnaies africaines qui accable les économies africaines, la future monnaie de la CEMAC n'y échappera guère. La refonte du Fonds Monétaire Africain devient une nécessité absolue de gouvernance des monnaies africaines, symboles qui renvoient à la sécurité, c'est-à-dire la stabilité des prix, renforçant ainsi la coopération monétaire et financière entre les pays africains.

Enfin, la réforme du franc CFA de la CEMAC nécessitera également le retrait des représentants français des instances de gouvernance de la BEAC et de la CEMAC (UEAC, UMAC), sans pour autant envisager la fermeture de la délégation de Paris.

Ces mesures réunies pourraient faire d'AFRIX un instrument discrétionnaire et contracyclique de politique monétaire voire des politiques macroéconomiques des pays membres de la Communauté économique et monétaire de l'Afrique centrale, pour asseoir des positions souverainistes.

# Annexes

## Annexe 1 - les francs CFA et la Zone franc

### A - Figure 2 : Les accords de coopération monétaire de la Zone franc

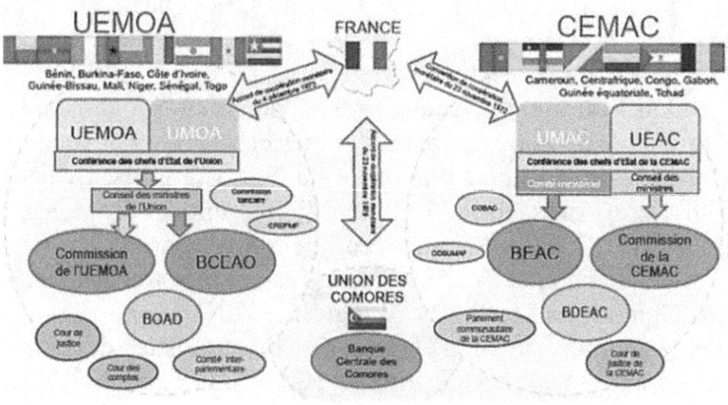


**Source** : https://www.tresor.economie.gouv.fr/tresor-international/la-zone-franc/la-zone-franc-de-1939-a-aujourd-hui

### B - Les premiers gouverneurs africains de la Zone franc

**Abdoulaye Fadiga (1935-1988**) est né en 1935 à Touba en Côte d'Ivoire. Il fait ses études supérieures à la Faculté de Droit et des Sciences Economiques de Dijon en France et occupe différentes fonctions au sein de l'Organisation Inter Africaine du Café (OIAC) à Paris et de la Caisse de stabilisation et de Soutien des Prix des productions agricoles (CSSPPA) de la Côte d'Ivoire, puis prend la tête de la BCEAO en 1975. Il devient ainsi le premier gouverneur africain de la BCEAO et de la Zone franc. Chargé de procéder à la réorganisation générale de la Banque centrale régionale, il est l'artisan de l'africanisation de son personnel et du transfert de son siège de Paris à Dakar en 1978.

**Casimir Oyé Mba** est né le 20 avril 1942 à Nzamaligué (Komo-Mondah) au Gabon. Il est mort le 16 septembre 2021 à Clichy près de Paris. Il fait ses études supérieures à l'Université de Rennes et à l'Université de Paris. Il occupe différentes fonctions au sein de la BCEAEC puis de la BEAC, et devient, en avril 1978, le premier gouverneur africain de la BEAC dont le siège a été transféré à Yaoundé au Cameroun, un an plus tôt. Il quitte ses fonctions en 1990, date à laquelle il est nommé Premier ministre du Gabon. À partir de 1994, il occupe différentes fonctions ministérielles.

**Saïd Mohamed Mshangama** est né en 1948 à Ouzioini aux Comores. Il fait ses études supérieures à l'Université de Bordeaux et à l'Ecole Nationale du Trésor à Paris. De 1977 à 1981, il est directeur de l'Institut d'émission des Comores puis gouverneur de la Banque centrale des Comores. Il occupe ensuite différentes fonctions, auprès du ministre des finances des Comores, au FMI à Washington, au PNUD, puis à nouveau aux Comores, notamment auprès du ministre des affaires étrangères et de la coopération, et auprès du Premier ministre.

## Annexe°2 - Joseph TCHUINDJANG POUEMI, Économiste camerounais

Auteur de *« Monnaie, servitude et liberté : la répression monétaire de l'Afrique »*, il est né le 13 novembre 1939 à Bangoua (Ouest Cameroun) et mort brutalement le 27 décembre 1984 à 47 ans.

Son ultime ouvrage constitue une référence pour un courant de pensée qui considère le franc CFA comme la monnaie héritée du temps des colonies, objet de servitude. Il pensait avoir des voies d'espoir et proposait differentes approches dans son essai. Avec la rigueur de son background de mathématicien, l'économiste décrit la place de la monnaie au cœur des économies modernes et le rôle de la monnaie comme outil de pouvoir, de contrôle et de régulation des systèmes économiques.

## Annexe 3 - Marc Luyckx Ghisi, Économiste Belge

Il est né le 20 avril 1942 à Louvain en Belgique. Ce savant belge a eu trois vies. Il a d'abord fait un doctorat en théologie, grecque et russe comme prêtre catholique. Il a ensuite fait partie de la fameuse Cellule de Prospective de la Commission européenne, créée par Jacques Delors, où il s'occupa des questions de philosophie, d'histoire, de sociologie, dans l'hypothèse d'un changement de société, accéléré par l'immatérialisation de l'économie mondiale (société de la connaissance). Dans la troisième phase de sa vie, il a été doyen puis vice-Président de la Cotrugli Business school à Zagreb et Belgrade. Il a publié en français, anglais, italien, allemand. Il a été aussi Vice-Président du groupe des conseillers d'Auroville au sud de l'Inde.

## Annexe 4 - Federal Reverve System (FED)

La FED est la Réserve fédérale, (officiellement en anglais : Federal Reserve System, souvent raccourci en Federal Reserve ou Fed). Elle est la Banque centrale des États-Unis d'Amérique.

Le Congrès des États-Unis définit trois objectifs de *politique monétaire dans le Federal Reserve Act : plein emploi, stabilité des prix et des taux d'intérêt à long terme modérés*[1]. Les deux premiers sont souvent appelés le « double objectif » ou « double mandat » de la Fed. Outre la politique monétaire, la Fed est maintenant chargée de superviser et réguler le système bancaire, de maintenir la stabilité du système financier, et d'offrir des prestations financières aux organismes de dépôt, au gouvernement fédéral, et aux institutions financières étrangères. Elle étudie de surcroît l'économie américaine, et publie de nombreux rapports, tels que le livre beige, un résumé des conditions économiques dans chaque région.

La Réserve fédérale se compose d'un conseil des gouverneurs (dont Jerome Powell est le président depuis 2018), du Federal Open Market Committee (FOMC), *de douze banques régionales (Federal Reserve Banks)*, des banques membres, et de plusieurs conseils consultatifs. Le FOMC est le comité responsable de la politique monétaire ; il se compose des sept membres du bureau des gouverneurs et des douze présidents des banques régionales (dont cinq seulement ont le droit de vote à un moment donné). *La Réserve fédérale comporte ainsi des aspects publics et privés* : cette structure est unique au monde pour une banque centrale, et correspond à une volonté de répondre à la fois à l'intérêt public et à ceux, privés, des banques membres. *Une autre particularité du système monétaire américain est que ce n'est pas la banque centrale mais le département du Trésor qui crée la monnaie fiduciaire.*

La FED est une banque centrale indépendante : ses décisions ne sont pas sujettes à l'autorisation du Président des États-Unis ou d'une autre partie du gouvernement fédéral, elle ne reçoit pas de budget du Congrès, et les mandats des gouverneurs sont beaucoup plus longs que ceux des élus fédéraux. Le gouvernement peut cependant exercer un contrôle : l'autorité de la FED est définie par le Congrès et celui-ci peut exercer son droit de surveillance (*congressional oversight*). *Les membres du bureau des gouverneurs, y compris le président et le vice-président, sont nommés par le Président des États-Unis et confirmés par le Sénat. Le gouvernement nomme également les hauts fonctionnaires de la banque et fixe leur salaire.* Toutes les banques commerciales autorisées à exercer en dehors d'un seul État sont obligatoirement membres de la Réserve fédérale régionale où se trouve leur siège et détiennent des parts dans celle-ci, ce qui autorise ces banques à élire une partie des membres du bureau de chaque Réserve fédérale régionale. Le gouvernement fédéral reçoit tous les profits de la Fed, hormis un dividende de 6 % versé aux membres des banques.

## <u>Annexe 5</u> - Le système de paiement russe MIR

« MIR », (en russe : Мир, [ˈmʲir] signifiant paix et monde), est un système de paiement par carte, géré par la Banque centrale de la Fédération de Russie via le Système national de cartes de paiement (Национальная Система Платежных Карт, NSPK), qui est géré comme un établissement filiale de la Banque centrale russe. Les cartes se présentent sous la forme ci-dessous.

**Source** : https://www.pressenza.com/fr/2024/10/brics-vers-le-sommet-de-kazan-perspectives-et-processus/

Les cartes MIR sont désormais acceptées par les banques partenaires en Abkhazie, en Arménie, en Biélorussie, au Vietnam, au Kazakhstan, au Kirghizistan, au Tadjikistan, en Corée du Sud et en Ossétie du Sud. L'Iran, l'Indonésie, l'Égypte, la Thaïlande, l'Inde, le Venezuela, Maurice, le Nigéria et l'Éthiopie manifestent également un intérêt pour la connexion au système MIR.

## <u>Annexe 6</u> – Le point de vue de Dominique Strauss-Khan

Dominique Strauss-Khan, Ancien ministre socialiste, Ancien Directeur Général du FMI, Economiste réputé et Conseiller de plusieurs Présidents africains recommande : (1) la suppression de ce que vous appelez des « symboles peu défendables », en particulier, le nom et le lieu d'impression du franc CFA. (2) que les comptes d'opérations auprès du Trésor français pourraient être avantageusement remplacés par d'autres comptes ouverts à la Banque des règlements internationaux (BRI). La BCEAO a déjà un compte à la BRI depuis la réforme de décembre 2019.

# <u>Annexe 7</u> - Billets de franc CFA de la zone CEMAC

**A** – les billets de la gamme 2020

**Sources** : BEAC : <u>https://www.beac.int/billets-pieces/signes-monetaires/</u> billets-de-gamme-2020/

**B** – les billets de franc CFA de la gamme de 2002

**Sources** : BEAC : https://www.beac.int/billets-pieces/signes-monetaires/billets-de-gamme-2002/

## Annexe 8 – La Banque des Règlements Internationaux (BRI)[124]

La Banque des Règlements Internationaux (BRI)[125] est une organisation financière internationale fondée le 17 mai 1930 par Montagu Collet Norman[126] et Hjalmar Schacht[127] . La forme juridique lui confère le statut de société anonyme dont les actionnaires sont des banques centrales. Située à Bâle en Suisse, elle se définit comme étant la banque centrale des banques centrales. Sa principale mission est la coopération entre banques centrales. Elle joue un rôle déterminant dans la gestion des réserves de devises de ces institutions. Elle héberge entre autres le Comité de Bâle.

### Rôles et missions actuelles de la BRI

La BRI a pour fonctions :

- d'assister les banques centrales dans leur poursuite de la stabilité monétaire et financière ;
- d'accueillir la coopération internationale dans ces domaines ;
- d'agir en tant que banque des banques centrales.

La réunion bimestrielle du conseil d'administration, où se rencontrent les gouverneurs des grandes banques centrales,

---

[124] En anglais Bank for International Settlements (BIS)

[125] En anglais Bank for International Settlements (BIS)

[126] Montagu Collet Norman (6 septembre 1871 – 4 février 1950), 1er baron Norman, est un banquier anglais connu pour avoir été le gouverneur de la Banque d'Angleterre de 1920 à 1944 durant une des plus rudes périodes qu'ait connu l'économie britannique. Il est connu pour son apparence raffinée et artistique.

[127] Hjalmar Schacht est né le 22 janvier 1877 à Tinglev (aujourd'hui au Danemark) et mort le 3 juin 1970 à Munich, est un banquier et économiste allemand, créateur du *Rentenmark* (1923), président de la Reichsbank (1924-1930 et 1933-1939) et ministre de l'Économie du Troisième Reich (1934-1937).
Ministre des Finances et conseiller particulier d'Adolf Hitler depuis son accession au pouvoir jusqu'en 1943, promoteur de la politique économique mercantiliste de redressement de l'Allemagne à partir de 1933, il fut inculpé, puis acquitté par le Tribunal de Nuremberg.

permet ainsi une discussion informelle des politiques monétaires et financières des grands pays.

Elle héberge différents comités traitant des grands sujets financiers : Comité de Bâle sur le contrôle bancaire, Comité sur le système financier mondial, Comité sur les paiements et les infrastructures de marché, Comité des marchés, Comité Irving Fischer sur les statistiques de banques centrales et Groupe de gouvernance des banques centrales. Elle prépare par exemple des accords au niveau du comité de Bâle qui précisent un certain nombre de règles prudentielles (en) (ratio de solvabilité, etc.) applicables à l'ensemble des banques commerciales de la planète : les accords de Bâle, dont les derniers, les accords de Bâle III.

La BRI centralise aussi la collecte et assure la publication de nombreuses données statistiques sur l'activité bancaire et les marchés financiers.

La BRI héberge, en outre :

- le Conseil de stabilité financière (CSF), depuis 2009, association constituée des ministères des Finances, des banques centrales et d'autres autorités financières de 24 pays, coordonne au niveau international les travaux menés par les autorités nationales et les instances de normalisation internationales, et élabore des documents d'orientation en vue de renforcer la stabilité financière ;
- l'Association internationale de protection des dépôts (IADI, International Association of Deposit Insurers (en)) fixe les normes mondiales applicables aux systèmes d'assurance des dépôts et encourage la coopération sur les mécanismes de protection des dépôts et de résolution bancaire ;
- l'Association internationale des contrôleurs d'assurance (International Association of Insurance Supervisors (IAIS) définit des normes pour le contrôle du secteur de l'assurance de façon à promouvoir la cohérence de ce contrôle au plan mondial.
- Enfin, l'Institut pour stabilité financière (Financial Stability Institute ( FSI)) de la BRI facilite depuis 2009 la diffusion des travaux des instances de normalisation

auprès des banques centrales et organismes de surveillance et de réglementation du secteur financier dans le cadre d'un vaste programme de réunions et de séminaires, et au moyen de didacticiels en ligne.

## Organisation

### Actionnariat

Le capital de la BRI est composé d'actions appartenant, depuis le dernier élargissement de 2011, à 60 banques centrales[20], les institutions et personnes privées en étant exclues depuis 2000.

Ce capital est divisé en 600 000 actions, dont la moitié appartiennent aux banques centrales d'Allemagne, d'Angleterre, de Belgique, de France, d'Italie et des États-Unis d'Amérique, ou tout autre établissement financier de ce dernier État. Ce sont les gouverneurs de ces six banques centrales qui se partagent la direction de la BRI, avec les gouverneurs des banques centrales du Brésil, du Canada, de Chine, de l'Inde, du Japon, du Mexique, des Pays-Bas, de Suède et de Suisse, et le président de la Banque centrale européenne.

Au 31 mars 2017, son actif s'établissait à 242,2 milliards de droits de tirage spéciaux (*Special Drawing Rights*).

Elle compte 63 membres dont trois africains. Il s'agit de la Banque centrale sud-africaine, la Banque d'Algérie et la Banque centrale du Maroc. Son Président est le français François de Villeroy de Galhau[128], secondé depuis 2017 par M. Augustin Carstens de nationalité mexicaine.

Le 10 mars 2022, à la suite de l'invasion de l'Ukraine, la Banque centrale russe, membre depuis 1996, est suspendue de la Banque des règlements internationaux ; en pratique, la banque centrale russe n'a plus accès à aucun service de la

---

[128] François Villeroy de Galhau, né le 24 février 1959 à Strasbourg, est un haut fonctionnaire français. Il est directeur général délégué de BNP Paribas de 2011 à 2015, gouverneur de la Banque de France depuis le 1er novembre 2015 et président du conseil d'administration de la Banque des règlements internationaux depuis le 13 janvier 2022

banque, et n'est plus conviée aux réunions entre banques centrales.

## Annexe 9 – État du respect des critères de convergence et les taux de pondération par État pour l'année 2023

Le 11 octobre 2024, la 42ème session du Conseil des Ministres de l'Union Économique de l'Afrique Centrale (UEAC) s'est réunie à Bangui en République Centrafricaine. Le Conseil des Ministres y afférent a adopté le rapport de surveillance multilatérale de l'année 2023 ainsi que les pondérations par État qui en résultent tel indiqué dans le tableau 9 ci-dessous.

**Tableau 9** - État du respect des critères de convergence[129] et les taux de pondération par État pour l'année 2023

| Critères | Solde budgétaire de référence *(en % du PIB nominal)* | Taux d'inflation annuel moyen *(%)* | Stock de la dette publique intérieure et extérieure *(en % du PIB nominal)* | Accumulation des arriérés *(en milliards de FCFA)* | | Observations | Taux de pondération |
|---|---|---|---|---|---|---|---|
| | | | | Extérieurs | Intérieurs | | |
| **Normes** | **≥ -1,5 %** | **≤ 3 %** | **≤ 70%** | **0** | **0** | | |
| Camero | -1,6 | 7,4 | 48,1 | ND | ND | Critères du solde budgetaire de référence | 90 % |

[129] Pour de plus amples détails, voir la directive N.02/16-UEAC-093-CM-30, en date du 3 février 2016.

| | | | | | | | |
|---|---|---|---|---|---|---|---|
| un | | | | | | (20%), du taux d'inflation annuel moyen (5%) et d'accumulation des arriérés (65%) non remplis | |
| Centrafrique | -3,5 | 3,0 | 44,7 | ND | ND | Critères du solde budgetaire de référence (20%) et d'accumulation des arriérés (65%) non remplis | 85 % |
| Congo | 2,6 | 4,3 | 90,0 | ND | ND | Critères du taux d'inflation annuel moyen (5%), du stock de la dette publique (10%) et d'accumulation des arriérés (65%) non remplis | 80 % |
| Gabon | -5,8 | 3,6 | 70,8 | 123 | ND | Critères du solde budgetaire de référence (20%), du taux d'inflation annuel moyen | 100 % |

| | | | | | | | |
|---|---|---|---|---|---|---|---|
| | | | | | | (5%), du stock de la dette publique et d'accumulation des arriérés (65%) non remplis | |
| Guinée Equatoriale | -3,4 | 2,4 | 35,5 | ND | ND | Critères du solde budgetaire de référence (20%) et d'accumulation des arriérés (65%) non remplis | 85 % |
| Tchad | -5,1 | 4,1 | 36,3 | ND | ND | Critères du solde budgetaire de référence (20%), du taux d'inflation annuel moyen (5%) et d'accumulation des arriérés (65%) non remplis | 90 % |

**Sources** : 42ème session du Conseil des Ministres de l'Union économique de l'Afrique centrale (UEAC) du 11 octobre 2024 à Bangui en RCA

## Annexe 10 – Prévisions à moyen terme des réserves de change et des avoirs extérieurs nets de la Banque centrale de la CEMAC

Le Comité de Politique Monétaire (CPM) de la BEAC a tenu sa 3ème session ordinaire de l'année 2024, le 23 septembre 2024 à Yaoundé au Cameroun. On retiendra, entre autres, que les réserves de change de la CEMAC atteindraient un niveau correspondant à 5,4 mois d'importations des biens et services à l'horizon 2027 (8 699,6 milliards FCFA), après 4,9 mois (7 453,0 milliards FCFA) et 5,2 mois (8 050,3 milliards FCFA), respectivement en 2025 et 2026, contre 4,5 mois (6 539,0 milliards FCFA) en 2024. En outre, le taux de couverture extérieure de la monnaie devrait évoluer en moyenne annuelle autour de 77,0 % sur la période 2025-2027, après 69,2 % en 2024.

Dans la même lancée, les avoirs extérieurs nets de la BEAC augmenteraient significativement sur toute la période pour atteindre 5 174,8 milliards FCFA à fin décembre 2027. Cette évolution se justifierait, entre autres, par les actions de la Banque Centrale en faveur de la mise en œuvre rigoureuse de la nouvelle règlementation des changes, couplée à la hausse des exportations en volume de la CEMAC.

**Graphique 5** - Prévisions des réserves de change de la CEMAC en mois d'importations des biens et services, et du taux de couverture extérieure de la monnaie de 2018 à 2027

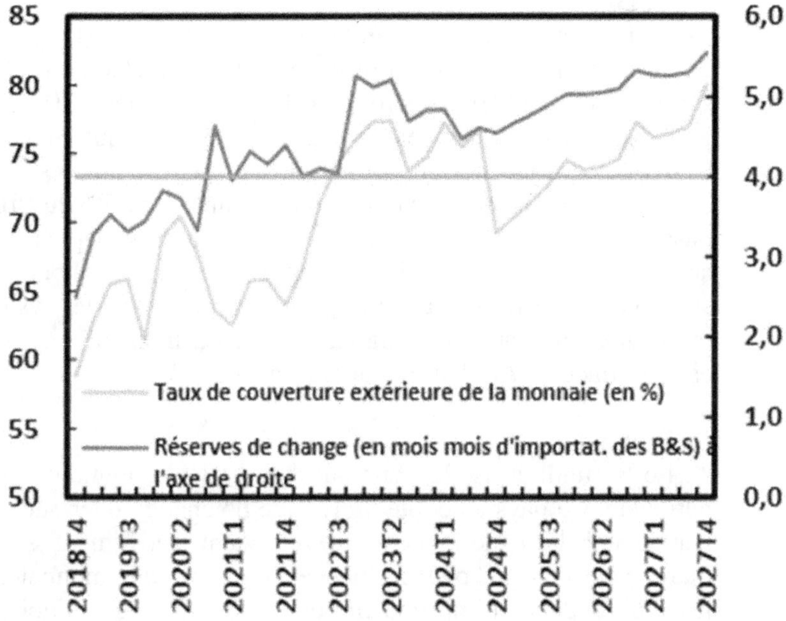


**Sources :** BEAC : Rapport sur la politique monétaire (Yaoundé, 23 septembre 2024), p.40-41

## Annexe 11 – Régimes de change des monnaies des pays membres de la CEEAC

La communauté économique des États de l'Afrique centrale (CEEAC) est composée de onze pays membres dont les six pays de la zone CEMAC (Cameroun, RCA, Congo, Gabon, Guinée-Équatoriale, Tchad) utilisent le franc CFA (XAF) et disposent de la banque centrale régionale, la Banque centrale des États de l'Afrique centrale (BEAC). Le franc CFA est arrimé à l'euro à un taux de change fixe.

Pour les cinq autres pays, chaque situation diffère d'un pays à un autre. Elles sont explicitées ci-dessous.

**Angola**

La monnaie nationale angolaise reste le Kwanza. En janvier 2018, la devise angolaise a basculé en taux de change flottant, suite de la crise financière pétrolière des années 2010. Le Kwanza reste inchangeable sur le marché international. L'Angola, dos au mur et victime du tout pétrole qui pèse 87% de son PIB et une dette publique qui culmine à 64,5% du PIB, a passé une convention avec la Chine. Désormais, depuis le 15 août 2016, le Yuan chinois a cours légal et pouvoir libératoire sur tout le territoire angolais, pour contourner le système monétaire international (Angola mode). La monnaie angolaise est imprimée en Angleterre par De La Rue.

**Burundi**

Le Burundi utilise le franc burundais (BIF) comme monnaie nationale. Ce pays a adopté un régime de change intermédiaire, par lequel la banque centrale intervient activement sur le marché des changes pour influencer la valeur de la monnaie. Le franc burundais est imprimé en France par Oberthur-Fiduciaire.

**République Démocratique du Congo**

Ce pays utilise simultanément deux monnaies : le franc congolais et le dollar américain. Le taux de change du franc congolais est un taux de change flottant et permet à la Banque centrale du Congo de conserver le taux directeur et taux de change flottant comme instrument de la politique économique. Le régime flottant n'incite pas à l'épargne en monnaie nationale ni à l'investissement, suite à l'ancrage et la présence permanente du dollar américain dans toutes les transactions (internes et externes). Le franc congolais est imprimé à Kinshasa à l'Hôtel des monnaies, la banque centrale congolaise.

**Rwanda**

La monnaie rwandaise est le franc rwandais. Ce pays a adopté un régime du taux de change fixe vis-à-vis du dollar américain. La Banque centrale a mis en place divers mécanismes pour encadrer le taux de change et limiter la volatilité excessive des devises. Les francs rwandais sont imprimés en Allemagne par Giesecke & Devrient.

**Sao Tomé-et-Principe**

Le Dobra est la monnaie nationale. Comme les pays de la CEMAC, le dobra est arrimé à l'euro par un accord signé entre l'ancienne colonie portugaise et le Portugal en juillet 2009. La Portugal assure la convertibilité de la monnaie. Le dobra est imprimé par De La Rue en Angleterre.

Enfin, le Burundi et le Rwanda doivent adhérer à l'Union Monétaire Est Africaine (EAMU), prévue pour 2024 au sein de la Communauté de l'Afrique de l'Est (EAC). Les discussions se poursuivent sur le régime de change et les critères de convergence de l'EAMU[130], notamment en matière de déficit budgétaire et de réserves de change.

[130] Les critères de convergence de l'Union Monétaire en Afrique de l'Est sont au nombre de 4 : plafond d'inflation global de 8 %, plafond de dette publique de 50 % du PIB en valeur ajoutée nette, réserves de change d'au minimum 4,5 mois d'importations et déficit budgétaire, dons inclus, de maximum 3 % du PIB.

**Tableau 10** – Disparités des pays de la CEEAC (Devises, Régime de change, Appartenance à une communauté économique sous-régionale)

| | **Devise** | **Régime de chance** | **Communautés économiques régionales d'appartenance** |
|---|---|---|---|
| **Angola** | Kwanza (AOA) et Yuan chinois | Flottant dirigé | CEEAC - SADC |
| **Burundi** | Franc burundais (BIF) | intermédiaire | CEEAC – CAE - COMESA |
| **RDC** | Franc congolais (CDF) et dollar américain | Flottant indépendant | CEEAC – SADC - COMESA |
| **Rwanda** | Franc rwandais (RWF) | Flottant dirigé | CEEAC – CAE - COMESA |
| **Sao Tomé & Principe** | Dobra (STN) | fixe (euro)[131] | CEEAC |
| **Pays CEMAC** | Franc FCA (XAF) | fixe (euro)[132] | CEEAC |

**Source** : Wikipédia

[131] 1 EUR = 24,50 STN
[132] 1 EUR = 655,957 XAF

**Tableau 11** – Taux d'inflation des pays africains en 2024

| Pays | Dernier | Précédent | Référence | Unité |
|---|---|---|---|---|
| Afrique du Sud | 2,9 | 2,8 | 2024-11 | % |
| Algérie | 4,18 | 5,52 | 2024-11 | % |
| Angola | 27,5 | 28,41 | 2024-12 | % |
| Benin | -0,4 | 0,6 | 2024-12 | % |
| Botswana | 1,7 | 1,7 | 2024-12 | % |
| Burkina-Faso | 4,9 | 3,6 | 2024-12 | % |
| Burundi | 24,9 | 23,3 | 2024-10 | % |
| Cameroun | 4,4 | 3,8 | 2024-09 | % |
| Cap-Vert | 1,6 | 1,7 | 2024-11 | % |
| Centrafrique | 1,7 | 2,0 | 2024-09 | % |
| Comores | 2,0 | 4,5 | 2024-06 | % |
| Congo | 16,36 | 22,2 | 2024-07 | % |
| Cote d'ivoire | 2,5 | 2,6 | 2024-11 | % |
| Djibouti | -1,0 | 0,5 | 2024-11 | % |
| Egypte | 24,1 | 25,5 | 2024-12 | % |
| Erythrée | 6,4 | 7,5 | 2023-12 | % |
| Ethiopie | 17,0 | 16,9 | 2024-12 | % |
| Gabon | 3,4 | 2,25 | 2024-01 | % |
| Gambie | 9,68 | 10,39 | 2024-07 | % |
| Ghana | 23,8 | 23 | 2024-12 | % |
| Guinée | 5,0 | 4,7 | 2024-11 | % |
| Guinée Equatoriale | 2,5 | 5,0 | 2024-12 | % |
| Guinée-Bissau | 5,3 | 4,9 | 2024-11 | % |
| Ile Maurice | 2,9 | 3,4 | 2024-12 | % |
| Kenya | 3,0 | 2,8 | 2024-12 | % |
| Lesotho | 4,4 | 4,7 | 2024-11 | % |
| Liberia | 6,15 | 6,2 | 2024-06 | % |
| Libye | 2,4 | 2,5 | 2024-11 | % |
| Madagascar | 7,8 | 7,8 | 2024-11 | % |
| Malawi | 28,1 | 27,0 | 2024-12 | % |
| Mali | 4,9 | 4,9 | 2024-12 | % |
| Maroc | 0,8 | 0,7 | 2024-11 | % |
| Mauritanie | 1,5 | 1,6 | 2024-12 | % |
| Mozambique | 4,15 | 2,84 | 2024-12 | % |
| Namibie | 3,4 | 3,0 | 2024-12 | % |

| | | | | |
|---|---|---|---|---|
| Niger | 4,7 | 3,8 | 2024-12 | % |
| Nigéria | 34,8 | 34,6 | 2024-12 | % |
| Ouganda | 3,3 | 2,9 | 2024-12 | % |
| RD Congo | 2,1 | 2,5 | 2024-10 | % |
| Rwanda | 6,4 | 3,4 | 2024-12 | % |
| Sao Tome & Principe | 11,5 | 11,4 | 2024-11 | % |
| Sénégal | 0,80 | -0,20 | 2024-12 | % |
| Seychelles | 1,17 | 1,34 | 2024-12 | % |
| Sierra-Leone | 15,41 | 16,92 | 2024-11 | % |
| Somalie | 5,57 | 5,20 | 2024-12 | % |
| Soudan du Sud | 107,0 | 97,3 | 2024-07 | % |
| Swaziland | 3,3 | 3,6 | 2024-10 | % |
| Tanzanie | 3,1 | 3,0 | 2024-12 | % |
| Tchad | 7,0 | 9,0 | 2024-10 | % |
| Togo | 1,2 | 1,3 | 2024-12 | % |
| Tunisie | 6,2 | 6,6 | 2024-12 | % |
| Zambie | 16,7 | 16,5 | 2024-12 | % |
| Zimbabwe | 57,5 | 55,3 | 2024-04 | % |

**Sources** : Trading Econmics, https://fr.tradingeconomics.com/country-list/inflation-rate?continent=africa

# Éléments bibliographiques

René Anatole Obam Nlong est Économiste, diplômé de l'Université de Yaoundé, de l'IRIC (Université de Yaoundé II), de l'Université d'Auvergne de Clermont-Ferrand (CERDI) et à ESIEE-Paris.

Après une carrière au Cameroun, il a exercé à l'Organisation Internationale de la Francophonie à Paris (France) et à la Banque Africaine de Développement à Abidjan en Côte d'Ivoire. Parallèlement, il dispensait des Enseignements à l'ESIEE-Paris et au CREPS (Université de Yaoundé II). Ses travaux de recherche portent sur le Nouvel ordre monétaire mondial et le Changement climatique.

# Table des Matières

# Table des tableaux et figures

# Sigles et Abréviations

| | |
|---|---|
| AfDB | African Development Bank |
| AFIX | AFRIX, nom de la future monnaie des six pays de la CEMAC |
| BAD | Banque Africaine de Développement |
| BAI | Banque Africaine d'Investissement |
| BCA | Banque Centrale Africaine |
| BCE | Banque Centrale Européenne |
| BCEAEC | Banque centrale des États de l'Afrique équatoriale et du Cameroun |
| BCEAO | Banque Centrale des États de l'Afrique de l'Ouest |
| BDEAC | Banque de développement des États de l'Afrique centrale |
| BEAC | Banque Centrale des États de l'Afrique centrale |
| BOAD | Banque ouest-africaine de développement |
| BRI | Banque de règlements internationaux de Bâle en Suisse |
| CAA | Caisse Autonome d'Amortissement du Cameroun |
| CEDEAO | Communauté Economique des États de l'Afrique de l'Ouest |
| CEEAC | Communauté Économique des États de |

| | |
|---|---|
| | l'Afrique Centrale |
| CEMAC | Communauté économique et monétaire des pays de l'Afrique centrale |
| CER | Commission économique régionale |
| CNDP | Commission nationale de la dette publique du Cameroun |
| COBAC | Commission bancaire de l'Afrique centrale |
| EAC | Communauté de l'Afrique de l'Est |
| EAMU | Union Monétaire Est Africaine |
| FCFA | franc CFA (XOF, XAF) |
| FED | Federal Reserve System (Banque centrale des États-Unis d'Amérique) |
| FF | franc français |
| FMA | Fonds monétaire Africain |
| FMI | Fonds Monétaire International |
| Franc CFP | franc des colonies françaises du Pacifique |
| FRF | nouveau franc français |
| IFPA | Institutions financières panafricaines |
| IMA | Institut monétaire africain |
| IMF | International Monetary Fund |
| UEAC | Union Economique de l'Afrique centrale |

| | |
|---|---|
| ISTEEBU | Institut de statistique et d'études économiques du Burundi |
| NDB | Nouvelle Banque de Développement |
| OIF | Organisation internationale de la Francophonie |
| PAGE | Projet d'Appui à la Gestion Economique |
| PPTE | Pays pauvres très endettés |
| UEMOA | Union Économique et Monétaire Ouest Africaine |
| UMAC | Union Monétaire de l'Afrique centrale |
| UMOA | Union Monétaire des États de l'Afrique de l'Ouest |

# Références bibliographiques

ABDIH Y. and TSANGARIDES G. (2006) : « FEER for CFA Franc », IMF Working Paper, Volume 2006: Issue 236 from International Monetary Fund

AGBOR AGBOR J. (2013) : « The Future of the CEMAC CFA FRANC », Eurasian Journal of Economics and Finance, Eurasian Publications, vol. 1(1), pages 1-17.

AVOM D. (2012) : « Les Fonds souverains en union monétaire : Quels Enseignements pour la BEAC ? ». Présentation lors d'un séminaire sur les fonds souverains organisé par la Banque des États d'Afrique centrale à Libreville au Gabon, août 2012.

BAKER C. and NXUMALO M. (2012) : « Assessing Reserve Adequacy of the Oil-Rich CEMAC Region: What Can We Learn from the 2008-09 Oil Price Shock? », Document de travail du FMI ronéotypé, 2012.

BANQUE DES ÉTATS DE L'AFRIQUE CENTRALE (2024) : « Rapport sur la politique monétaire », publié à Yaoundé, 23 septembre 2024, p. 41

BANQUE DES ÉTATS DE L'AFRIQUE CENTRALE (2023) : « Rapport Spécial sur le Contrôle du Compte d'Opérations », Ernst & Young Congo, Mazars Cameroun, Exercice clos le 31 décembre 2023, p.14-15

CABRILLAC B. & ROCHER E. (2013) : « Les perspectives des unions monétaires africaines »,Revue d'économie financière, Association d'économie financière, vol. 0(2), pages 99-125.

DELECHAT, CORINNE et MARTIJN JAN KEES (2008) : « Reserve Adequacy in the CFA Franc Zone », Chapitre 5 de

Gulde Anne-Marie and Charalambos Tsangarides (Eds.), “The CFA Franc Zone – Common Currency, Uncommon Challenges”, FMI 2008.

De Zamaroczy M., Vincent Fleuriet V. et Jose Gijon J. (2018) : « Gestion des réserves internationales de la CEMAC : une nouvelle approche à moyen terme », Fonds Monétaire International, Département Afrique

Diallo O. (2002) : « L’arrimage du franc CFA à l’euro: conséquences pour l’intégration sous-régionale ouest-africaine ? », Institut européen de l’Université de Genève, Juillet 2002

Giovalucchi F. et Raffinot M. (2024), « Le Franc CFA, le zébu et la kalachnikov : Questions sur la création d’une monnaie commune au Mali, Burkina Faso et Niger », DT/2024-05, UMR LEDa

Groupe de la Banque mondiale (2024) : « Évolutions économiques récentes et perspectives », Baromètre Économique de la CEMAC, Mai 2024, Vol 6, p.7

Groupe de la Banque mondiale (2023) : «Évolutions récentes et perspectives économiques régionales de la CEMAC», Baromètre Économique de la CEMAC, Décembre 2023, Vol 5, p.8

Ghosh, Atish R. ; Jonathan D. Ostry (2009): « Le choix du régime de change », Finances & Développement, Décembre 2009

Guillaumont, Patrick ; Guillaumont Jeanneney S. (2017) : « Quel avenir pour les francs CFA ? », FERDI, DT n° P188, Fondation pour les études et recherches sur le développement international (FERDI), Clermont-Ferrand

GUILLAUMONT P., GUILLAUMONT JEANNENEY S. ET BRUN J-F. (1999) : « How Instability Lowers African Growth" Journal of African Economies, vol. 8 (1), 1999, pp. 87-107

GNIMASSOUN B (2019) : « L'intégration de l'UEMOA est-elle pro-croissance?» Revue d'économie politique, *2019*/3 Vol. 129, p.355-390. DOI : 10.3917/redp.293.0355.

LAFFITEAU E. (2023) : « Quels scénarios face au rejet du franc CFA en Afrique de l'Ouest ? », Interview du 20 octobre 2023, reprise et publiée sur www.iris-france.org/179046-quels-scenarios-face-au-rejet-du-franc-cfa-en-afrique-de-louest/

LAHRECHE-REVIL A. (1999) : « Les régimes de change », L'économie mondiale 2000, Éditions La Découverte, collection Repères, Paris, 1999, pp.93-103

LUYCKX GHISI M. (2013) : « Surgissement d'un nouveau monde : valeurs, visions, économie, politique, tout change…», L'Harmattan, Paris

LUYCKX GHISI M. (2001) : « Au-delà de la modernité du patriarcat et du capitalisme : la société réenchantée », L'Harmattan, Paris

NDONGO SAMBA SYLLA et FANNY PIGEAUD (2021) « chap. 2 : la laisse monétaire : contestation et consolidation du système CFA » dans « L'Empire qui ne veut pas mourir : une histoire de la Françafrique », Edition du Seuil, octobre 2021

NUBUKPO K. (2019) : «L'Urgence africaine, changeons le modèle de croissance !», Edition Odile Jacob, Septembre 2019, pp.116, 129,131

RAMIREZ G. and TSANGARIDES C. (2007) : « Competitiveness in the CFA Franc Zone », IMF, Working

Papers, Vol. pp1-40, IMF eLibrary, Publication date 02 Apr 2008

ROGOFF KENNETH, AASIM HUSAIN, ASHOKA MODY, ROBIN BROOKS,AND NIENKE OOMES (2004) : « Evolution and Performance of Exchange Rate Regimes », IMF Occasional Paper 229 (Washington InternationalMonetary Fund), Autorisé pour la distribution par Raghuram Rajan en décembre 2003

UNION AFRICAINE (2017) : « Les Institutions financières panafricaines », ART.19 de l'Acte Constitutif de l'Union Africaine, Commission de l'Union Africaine, Département des affaires économiques, AUC, Décembre 2017, P61-64

SENE B. (2024) : « SENEXIT ou consolidation des acquis de l'union monétaire : la problématique des réserves de change et la cohérence temporelle des politiques au cœur des choix ? », article publié par le Journal Le Marché, Édition du 23 mars 2024

STALON J-L. (2020) : « La croissance élitiste : proposition d'un nouvel indice sur les inégalités », parue dans Tribune du 08 décembre 2020

SYLVIANE GUILLAUMONT JEANNENEY (2023) : « Politique de change et réchauffement climatique », FERDI Notes brèves / Policy briefs,

TALL M. (2022) : « Ce qu'il faut dire du franc Cfa », Idées et Réflexions, LE SOLEIL, Édition de mercredi 28 décembre 2022, p. 16, www.lesoleil.sn

TCHUINDJANG POUEMI J. (1980) : « Monnaie, servitude et liberté : la répression monétaire de l'Afrique », Éditions J.A.

# Webgraphie

https://togonyigba.tg/tribune-libre-nadine-michel-kalife-economiste-togolais-les-avantages-du-franc-cfa-lune-des-monnaies-les-plus-stables-du-continent/

https://www.diplomatie.gouv.fr/fr/dossiers-pays/afrique/la-cooperation-monetaire-entre-l-afrique-et-la-france-le-franc-cfa/

https://www.jeuneafrique.com/mag/367617/economie/franc-cfa-carols-lopes-faut-aborder-question-ideologie/
https://fr.wikipedia.org/wiki/R%C3%A9serve_f%C3%A9d%C3%A9rale_des_%C3%89tats-Unis

https://www.ecb.europa.eu/ecb/html/index.fr.html

http://www.marcluyckx.be en open source

https://www.jeuneafrique.com/mag/788968/economie-entreprises/franc-cfa-dominique-strauss-kahn-le-systeme-actuel-doit-etre-serieusement-depoussiere/https://www.jeuneafrique.com/mag/788968/economie-entreprises/franc-cfa-dominique-strauss-kahn-le-systeme-actuel-doit-etre-serieusement-depoussiere/

https://www.jeuneafrique.com/531882/economie-entreprises/pour-sortir-du-franc-cfa-optons-pour-un-fonds-monetaire-africain/

https://www.msn.com/fr-xl/actualite/other/dette-accord-de-principe-du-ghana-avec-des-cr%C3%A9anciers/ar-B1oPZqB#:~:text=L%E2%80%99accord%20fait%20suite%20%C3%A0%20un%20accord%20avec%20les,d%E2%80%99un%20plan%20d%E2%80%99aide%20de%203%20milliards%20de%20dollars.

https://www.rfi.fr/fr/%C3%A9conomie/20240617-le-ghana-trouve-un-accord-avec-ses-cr%C3%A9anciers-%C3%A9tatiques-sur-une-partie-de-sa-dette

https://fr.africanews.com/2024/05/25/le-ghana-trouve-un-accord-de-restructuration-de-sa-dette/

https://abc-economie.banque-france.fr/sites/default/files/medias/documents/fiche_zone-franc.pdf

https://lemarche.finance/senexit-ou-consolidation-des-acquis-delunion-monetaire-la-problematique-des-reserves-de-change-et-la-coherence-temporelle-despolitiques-au-coeur-du-choix-par-pr-babacar-sene/

https://www.proparco.fr/fr/carte-des-projets/gicam

https://www.beac.int/billets-pieces/signes-monetaires/billets-de-gamme-2020/

https://www.beac.int/billets-pieces/signes-monetaires/billets-de-gamme-2002/

https://lefinancierdafrique.com/13291/la-rca-sapprete-a-lancer-son-premier-emprunt-obligataire/

https://www.afdb.org/fr/news-and-events/press-releases/afrique-centrale-le-secteur-financier-de-la-cemac-en-plein-essor-grace-lappui-de-la-banque-africaine-de-developpement-52331

https://www.elysee.fr/emmanuel-macron/sommet-pour-un-nouveau-pacte-financier-mondial

https://data.imf.org/?sk=9d6028d4-f14a-464c-a2f2-59b2cd424b85

https://www.pressenza.com/fr/2024/10/brics-vers-le-sommet-de-kazan-perspectives-et-processus
https://www.tresor.economie.gouv.fr/tresor-international/la-zone-franc/la-zone-franc-de-1939-a-aujourd-hui

https://www.pressenza.com/fr/2024/10/brics-vers-le-sommet-de-kazan-perspectives-et-processus/

https://www.lemonde.fr/economie/article/2023/08/24/les-ambitions-contrariees-de-la-banque-des-brics_6186379_3234.html

https://www.rfi.fr/fr/emission/20151225-madagascar-monnaie-impact-sortie-pays-zone-franc

https://www.jeuneafrique.com/mag/367665/economie/impression-francs-cfa-fierte-lemporte-raison/

https://www.proparco.fr/fr/carte-des-projets/gicam

https://www.jeuneafrique.com/1667073/economie-entreprises/passage-du-franc-cfa-a-leco-en-2027-la-cedeao-y-croit-elle-encore/?fbclid=IwY2xjawJAXcFleHRuA2FlbQIxMQABHYjDFVVH_W3cvVpAtr6r1iuvabriqvdUJQkp1PYafOQMduK81pJuCBYaAw_aem_haq5roV2FpN5syhE13GTkA

# Remerciements

Je tiens à remercier Madame Sylviane Guillaumont Jeanneney qui, malgré un agenda chargé, a pu trouver le temps nécessaire de lire, de porter des remarques et des observations, et de formuler des suggestions appropriées et appréciées. Madame le Professeur, je vous en sais infiniment gré.

Je remercie également Madame Emilie Laffiteau qui a bien voulu préfacer cet ouvrage et encourager ce travail.

À Madame Edwige Esther Ngo Issanda qui, malgré ses obligations professionnelles, académiques et personnelles, a trouvé le temps d'apporter une contribution indéniable à cette œuvre. Je vous prie de bien vouloir accepter mes sincères remerciements et l'expression de mon amitié.

À ma fille, Nina Obam Mendo, je tiens à remercier sa contribution indéniable, pour avoir mis à ma disposition les outils d'intelligence artificielle indispensables à la rédaction et à la révision. Merci Nina.

À la benjamine de la fratrie, Alexandra Obam, je reconnais ton soutien moral et intellectuel apporté au quotidien pour la finalisation de ce travail. Soit en remercier ma petite Alexandra.

## Revue « Marché et Organisations »

*Promouvoir la recherche originale sur les relations de plus en plus étroites entre le marché et les organisations. Les acteurs économiques de taille, de puissance et de pouvoir différents dont les intérêts peuvent être convergents, complémentaires ou, le plus souvent, antagoniques, ont tendance à organiser les marchés. La raison du marché, pourtant, est la référence stratégique pour l'entreprise ainsi que pour les institutions publiques de décision économique.*

N°6 : Entrepreneuriat et accompagnement. Outils, actions et paradigmes nouveaux, 2008
N°7 : Développement durable des territoires. Economie sociale, environnement et innovations, 2008
N°8 : Développement durable et responsabilité sociale des acteurs, 2009
N°9 : Gouvernance : exercices de pouvoir, 2009
N°10 : Le travail collaboratif. Une innovation générique, 2009
N°11 : Economie sociale et solidaire. Nouvelles trajectoires d'innovations, 2010
N°12 : Relations à la marque et marques de la relation. Regards croisés sur le management relationnel de la marque, 2010
N°13 : Les contrats au service de la recherche ?, 2011
N°14 : Le potentiel économique de l'Afrique subsaharienne, 2011
N°15 : Management de la distribution, 2012
N°16 : Territoire Vert. Entreprises, Institutions, Innovations, 2012
N°17 : Eco-conception, conception et innovation. Les nouveaux défis de l'entreprise, 2013
N°18 : Intelligence économique : entreprises et territoires, 2013
N°19 : La finance globale. Un monde fini, 2013
N°20 : La crise du « développement », 2014
N°21 : La Chine innove. Politiques publiques et stratégies d'entreprise, 2014
N°22 : Go East! Nouvelles Economies de Marché, 2015
N°23 : L'économie du changement, 2015
N°24 : Le temps des artisans. Permanences et mutations, 2015
N°25 : Innovations de proximité et esprit d'entreprise, 2016
N°26 : L'avenir des économies du Maghreb : entre inertie structurelle et envie de rupture, 2016/3 (n° 27)
N°27 : Le sport aux frontières du marché du travail, 2016
N°28 : Dynamiques internationales des entreprises, 2017
N°29 : L'univers du risque, 2017
N°30 : Les petites entreprises dans l'histoire industrielle, 2017
N°31 : Economie sociale et *social business* ? Au défi d'entreprendre et se financer, 2018
N°32 : Éducation et fertilisation des économies africaines, 2018
N°33 : L'entrepreneuriat innovant dans les pays du Maghreb, 2018
N°34 : L'entrepreneuriat scientifique : institutions et innovation, 2019
N°35 : Le champ économique de la culture, 2019
N°36 : Economie sociale et solidaire ? Modèles d'innovation et modes de gouvernance, 2019
N°37 : Rethinking Luxury Business, 2020
N°38 : La santé connectée. Nouvelles technologies et réorganisation des soins, 2020
N°39 : Options stratégiques et systèmes complexes d'innovation, 2020
N°40 : Les services : intégration des systèmes productifs et lien social, 2021
N°41 : Crise pandémique, crise globale. Réalité et controverses théoriques, 2021
N°42 : La crise de la covid-19. Le marché et les organisations en perspective, 2021
N°43 : (Re)faire système. *Bug & reset*, 2022
N°44 : Aléas du marché et management du risque, 2022
N°45 : Le renouveau du transport et de la logistique : les systèmes d'information, 2022
N°46 : Entrepreneuriat et innovation dans l'enseignement supérieur, 2023
N°47 : Le tourisme créatif. Culture, créativité, patrimoine, management, 2023
N°48 : L'Afrique : questions de performances, 2023
N°49 : *Fintech* en sciences du management, 2024

**https://www.cairn.info/revue-marche-et-organisations.htm**

# Collection « L'esprit économique »

fondée par Sophie Boutillier et Dimitri Uzunidis en 1996

**Dernières parutions**

► ***Série Economie et Innovation***

T. MICHAUD, *Le projet spatial européen, entre pragmatisme et imagination*, 2020.

J.-P. SCHMITT, N. RAVIDAT, *Management conjoint de la technologie et de la personne. Pour performer et croitre*, 2020.

Y. EL YAHYAOUI, *Economie des plateformes numériques. Captation de la valeur, pouvoir de marché et communs collaboratifs*, 2021.

G. DUTHIL, *Handicap et insertion professionnelle*, 2022.

T. MICHAUD, *La science-fiction institutionnelle*, 2023.

► ***Série Le Monde en Questions***

C. SARI, *Valeur relative de la monnaie et taux de change. Vers la fin de l'étalon dollar ?*, 2023.

G. DUTHIL, N. POLINI, *La Défense nationale*, 2023.

A. DAGHER, *La crise financière du Liban : taux de change, FMI, politique monétaire*, 2023.

G. BAYOH, *Ecosystème des transferts internationaux d'argent et développement durable : Contraintes et solutions*, 2024.

S. BENBACHIR, *Performances bancaires des pays du Moyen-Orient et de l'Afrique du nord. Modélisation de l'efficience et de la productivité des banques*, 2024.

O. MUMBERE MUHONGYA, *Efficacité de l'aide publique au développement. Question de la qualité des données*, 2024.

M. CAMARA, *Être ministre de l'Économie et des Finances de la République de Guinée*, 2024.

► ***Série Krisis***

M. WIELEZYNSKI, *La loi du marché post-esclavagiste. Une approche critique*, 2023.

G. MINART, *Condorcet économiste : un libéralisme économique au service du bien public*, 2023.

A. MANRAY, *Petit traité de gouvernance à l'usage des despotes éclairés*, 2024.

B. LANDAIS, *Théorie générale de la croissance économique et du développement*, 2024.

V. SOYER, *Critique de la théorie contemporaine de la valeur*, 2024.

► ***Série Clichés***

S. BOUTILLIER, D. UZUNIDIS (dir.), *La Russie européenne. Du passé composé au futur antérieur*, 2008.

R. VOLPI, *La négociation. Pain, paix, liberté*, 2009.

B. S. BONBON, *Géométrie parabolique tridimensionnelle ou perspective parabolique*, 2023.

S. BOUTILLIER, B. LAPERCHE, S. T. K. LE, *Ports industriels en transition : De l'économie circulaire à la décarbonation*, 2024.

► ***Série Cours Principaux***

M. EL KARRIM, *Introduction à l'économétrie appliquée*, 2022.

Z. FIRANO, *Fondements de la finance de marché. Théories et applications*, 2022.

Y. KEHO, *Introduction à l'économétrie appliquée sous EVIEWS, Rappels de cours et illustrations pratiques*, 2023.

K. AMZILE, *Intelligence artificielle et modélisation du risque de crédit*, 2023.

B. LANDAIS, *Macroéconomie. Les fondamentaux*, 2024.

A. KATFI, O. EL MNOUER (dir.), *Mathématiques financières. Cours d'initiation et exercices corrigés*, 2024.

J. NGONGO NGOY, *Manuel d'analyse financière*, 2024.

► ***Série L'économie formelle***

M. FOUQUIN, *Dettes publiques à long terme et souveraineté nationale : enseignements des crises du XIIe au XXIe siècle*, 2023.

J.-P. ROSELLO, *Marchés financiers, capital financier et crises systémiques*, 2024.

J.-L. VILLOUTREIX, *L'eau coule à Aguad : un conte économique*, 2024.

B. MEUNIER, *L'insoutenable dette publique de la France*, 2024.

J. LATREILLE, *Le PIB, ou la mesure de notre démesure*, 2024.

C. MEIDINGER, *Controverses macroéconomiques contemporaines*, 2024.

## Structures éditoriales du groupe L'Harmattan

**L'Harmattan Italie**
Via degli Artisti, 15
10124 Torino
harmattan.italia@gmail.com

**L'Harmattan Hongrie**
Kossuth l. u. 14-16.
1053 Budapest
harmattan@harmattan.hu

---

**L'Harmattan Sénégal**
10 VDN SICAP AMITIE 3
BP 45034 Dakar-Fann
direction@senharmattan.com

**L'Harmattan Cameroun**
Tsinga/Derrière polyclinique FECAFOOT
BP 11486 Yaoundé
Jacques.koukam@harmattan.fr

**L'Harmattan Burkina Faso**
Villa 281, secteur 23 623, rue 14.32
Ouagadougou
zagbie@outlook.fr

**L'Harmattan Guinée**
Almamya, rue KA 028 OKB Agency
BP 3470 Conakry
harmattanguinee@yahoo.fr

**L'Harmattan RDC**
185, avenue Nyangwe
Commune de Lingwala – Kinshasa
matangilamusadila@yahoo.fr

**L'Harmattan Congo**
219, avenue Nelson Mandela
BP 2874 Brazzaville
deunovmikhael@gmail.com

**L'Harmattan Mali**
Immeuble Mgr Jean Marie Cissé
Aci Hamadallaye
BP 145 Bamako
syllaka@yahoo.fr

**L'Harmattan Togo**
Djidjole – Maison Amela
face EPP BATOME
02 BP 20680 Lomé
didieramela11@gmail.com

**L'Harmattan Côte d'Ivoire**
Résidence Karl – Cité des Arts
Abidjan-Cocody
03 BP 1588 Abidjan
harmattan.ivoire@gmail.com

**L'Harmattan Bénin**
Rue 604, (Immeuble à l'entrée
de la rue UCAO- Cite de Saint-Jean)
Cotonou
stepcorpus@gmail.com

---

## Nos librairies en France

**Librairie internationale**
16, rue des Écoles
75005 Paris
librairie.internationale@harmattan.fr
01 40 46 79 11
www.librairieharmattan.com

**Librairie des savoirs**
21, rue des Écoles
75005 Paris
librairie.sh@harmattan.fr
01 46 34 13 71
www.librairieharmattansh.com

www.ingramcontent.com/pod-product-compliance
Lightning Source LLC
LaVergne TN
LVHW021212061026
849535LV00008B/2699
* 9 7 8 2 3 3 6 5 2 1 1 1 4 *